Elke Lauckner

Stand der Anwendung und Entwicklungsperspektiven d
mit Neuronalen Netzen und Expertensystemen

Bibliografische Information der Deutschen Nationalbibliothek:

Bibliografische Information der Deutschen Nationalbibliothek: Die Deutsche Bibliothek verzeichnet diese Publikation in der Deutschen Nationalbibliografie; detaillierte bibliografische Daten sind im Internet über http://dnb.d-nb.de/ abrufbar.

Copyright © 1996 Diplomica Verlag GmbH
Druck und Bindung: Books on Demand GmbH, Norderstedt Germany
ISBN: 9783838607627

http://www.diplom.de/e-book/216670/stand-der-anwendung-und-entwicklungsper-spektiven-der-kreditwuerdigkeitspruefung

Elke Lauckner

Stand der Anwendung und Entwicklungsperspektiven der Kreditwürdigkeitsprüfung mit Neuronalen Netzen und Expertensystemen

Diplom.de

Elke Lauckner

Stand der Anwendung und Entwicklungsperspektiven der Kreditwürdigkeitsprüfung mit Neuronalen Netzen und Expertensystemen

Diplomarbeit
an der Universität Rostock
September 1996 Abgabe

Diplomarbeiten Agentur
Dipl. Kfm. Dipl. Hdl. Björn Bedey
Dipl. Wi.-Ing. Martin Haschke
und Guido Meyer GbR

Hermannstal 119 k
22119 Hamburg

agentur@diplom.de
www.diplom.de

ID 762

ID 762
Lauckner, Elke: Stand der Anwendung und Entwicklungsperspektiven der Kreditwürdigkeitsprüfung
mit Neuronalen Netzen und Expertensystemen /
Elke Lauckner - Hamburg: Diplomarbeiten Agentur, 1998
Zugl.: Rostock, Universität, Diplom, 1996

Dipl. Kfm. Dipl. Hdl. Björn Bedey, Dipl. Wi.-Ing. Martin Haschke & Guido Meyer GbR
Diplomarbeiten Agentur, http://www.diplom.de, Hamburg 2000
Printed in Germany

Diplomarbeiten Agentur

Wissensquellen gewinnbringend nutzen

Qualität, Praxisrelevanz und Aktualität zeichnen unsere Studien aus. Wir bieten Ihnen im Auftrag unserer Autorinnen und Autoren Wirtschaftsstudien und wissenschaftliche Abschlussarbeiten – Dissertationen, Diplomarbeiten, Magisterarbeiten, Staatsexamensarbeiten und Studienarbeiten zum Kauf. Sie wurden an deutschen Universitäten, Fachhochschulen, Akademien oder vergleichbaren Institutionen der Europäischen Union geschrieben. Der Notendurchschnitt liegt bei 1,5.

Wettbewerbsvorteile verschaffen – Vergleichen Sie den Preis unserer Studien mit den Honoraren externer Berater. Um dieses Wissen selbst zusammenzutragen, müssten Sie viel Zeit und Geld aufbringen.

http://www.diplom.de bietet Ihnen unser vollständiges Lieferprogramm mit mehreren tausend Studien im Internet. Neben dem Online-Katalog und der Online-Suchmaschine für Ihre Recherche steht Ihnen auch eine Online-Bestellfunktion zur Verfügung. Inhaltliche Zusammenfassungen und Inhaltsverzeichnisse zu jeder Studie sind im Internet einsehbar.

Individueller Service – Gerne senden wir Ihnen auch unseren Papierkatalog zu. Bitte fordern Sie Ihr individuelles Exemplar bei uns an. Für Fragen, Anregungen und individuelle Anfragen stehen wir Ihnen gerne zur Verfügung. Wir freuen uns auf eine gute Zusammenarbeit

Ihr Team der *Diplomarbeiten* **Agentur**

Dipl. Kfm. Dipl. Hdl. Björn Bedey
Dipl. Wi.-Ing. Martin Haschke
und Guido Meyer GbR

Hermannstal 119 k
22119 Hamburg

Fon: 040 / 655 99 20
Fax: 040 / 655 99 222

agentur@diplom.de

1

Inhaltsverzeichnis

1.   Begründung des Themas und Zielstellung

Die vorliegende Arbeit befaßt sich mit der Anwendung von Expertensystemen und Neuronalen Netzen in der Kreditwürdigkeitsprüfung von Banken. Im Verlauf der Bearbeitung der Themenstellung erwies es sich jedoch als ein schwieriges Unterfangen, die gestellte Aufgabe umfassend zu lösen. Der Verfasser konnte zwar umfangreiche Literaturquellen über Neuronale Netze und Expertensysteme nutzen, jedoch existieren über die Prüfung der Kreditwürdigkeit mit diesen Systemen nur wenige Veröffentlichungen. Durch Recherchen des Verfassers erwies sich außerdem, daß zwar schon Projekte zur Integration Neuronaler Netze in den Bankbetrieb stattfinden, die Praxis sich jedoch noch in weiter Entfernung von der Theorie befindet. Da sich dem Verfasser keine Möglichkeiten boten, eine praxisnahe Studie über Neuronale Netze oder Expertensysteme zu machen, wird darauf hingewiesen, daß diese Arbeit zum größten Teil auf bereits bestehende Literatur aufbaut.

Ein Ziel der Arbeit ist die Erläuterung des Aufbaus und der Funktionsweise von Neuronalen Netzen und Expertensystemen. Um einen Vergleich zu ermöglichen, werden zunächst einige herkömmliche Methoden der Kreditwürdigkeitsprüfung der Banken mit ihren Vor- und Nachteilen behandelt. Im 3. Abschnitt der vorliegenden Arbeit erfolgt eine Vorstellung einiger ausgewählter Bonitätsanalysen und Insolvenzprognosen mit Neuronalen Netzen und Expertensystemen sowie eine Analyse des gegenwärtigen Entwicklungsstandes und der möglichen Perspektiven dieser Systeme.

In der Literatur werden für den Begriff „Neuronales Netz" unterschiedliche Schreibweisen verwendet. Für diese Arbeit wählte der Verfasser die obige Variante. Im folgenden wird zwischen **Analysestichprobe** und **Validierungsstichprobe** unterschieden, wobei die erstere zum Beispiel zum Trainieren eines Neuronalen Netzes und zum Bestimmen der Diskriminanzfunktion dient. Mit der Validierungsstichprobe wird dann die Aussagefähigkeit des trainierten Netzes, bzw. der ermittelten Funktion durch eine Klassifikation des verwendeten Datenmaterials getestet.

1.1.   Kreditwürdigkeit - theoretische und rechtliche Hintergründe

In der Bankpraxis wird unter einem Kredit die meist schriftliche Zusage der Bank an einen Kreditnehmer verstanden, daß er über die der Höhe nach abgesprochenen und eingeräumten Mittel verfügen kann.

Für die vorliegende Arbeit soll der Kreditbegriff durch folgendes Zitat abgegrenzt werden. **Kredit** bedeutet, daß ein Kreditgeber „...Vertrauen hat, im speziellen Fall ... eine für bestimmte Zeit in Form einer Geldsumme gewährte Kapitalnutzung vom Kreditnehmer uneingeschränkt zurückzuerhalten...". (Eilenberger, G.,1996, S. 201)

Bevor Banken einen Kreditantrag bewilligen, führen sie unter anderem eine Kreditwürdigkeits- oder auch Bonitätsprüfung des Antragstellers durch, um sicher zu stellen, daß dieser auch **kreditwürdig** ist. „Kreditwürdig sind Personen und Unternehmen, von denen eine vertragsmäßige Erfüllung der Kreditverpflichtungen erwartet werden kann." (Grill, W.; Perczynski, H., 1990, S. 236) Unterschieden wird in die persönliche und die **materielle Kreditwürdigkeit**[1], wobei die letztere sich auf die gegebenen wirtschaftlichen Verhältnisse begründet. Die **persönliche Kreditwürdigkeit** besteht, wenn der Kreditnehmer auf Grund seiner „...Zuverlässigkeit, seiner beruflichen und fachlichen Qualifikation, bzw. seiner unternehmerischen Fähigkeiten..." das Vertrauen des Kreditgebers in die Erfüllung der Kreditverpflichtung begründet. (Grill, W.; Perczynski, H., 1990, S. 236)

Als **Banken** werden in dieser Arbeit „...Unternehmen, die gewerbsmäßig das Kreditgeschäft und die Geschäfte des Geld- und Kapitalverkehrs betreiben...", verstanden. (Kalveran, W.; Günther, H., 1961, S. 17)

5

Eine Kreditbeziehung zwischen zwei oder auch mehreren Personen ist bei einem zeitlichen Auseinanderfallen einer wirtschaftlichen Leistung und der entsprechenden Gegenleistung, zum Beispiel Tilgung und Verzinsung durch den Kreditnehmer, vorhanden.[2]

Nach § 21 KWG[3] der 5. KWG Novelle muß zwischen dem Kreditbegriff für Großkredite und Millionenkredite (§§ 13, 13a und 14 KWG) sowie dem Kreditbegriff für Organkredite und Krediten allgemein (§§ 15 - 18 KWG) unterschieden werden. Ein Kreditnehmer ist dabei die den Kredit in Anspruch nehmende Person, die sowohl natürlicher Art als auch rechtlicher Art sein kann.[4] Ausnahmen davon sind (Groß-, Anm. d. Verf.) Kredite innerhalb einer Kreditinstitutsgruppe oder Finanzholdinggruppe, die nach § 13a III KWG konsolidiert sind, sowie spezielle Fälle, wenn zum Beispiel Mutterunternehmen ihren Sitz im Ausland haben.[5] Weitere Ausnahmen sind in den §§ 19 III und 20 KWG zusammengefaßt.

Durch eine Kreditgewährung entstehen dem Kreditgeber in der Regel mehr oder weniger große Risiken, deren Höhe zum Teil von der Risikobereitschaft des Kreditgebers abhängen. Mit diesen Risiken und den entsprechenden Gegenmaßnahmen beschäftigt sich unter anderem das Risikomanagement [6], jedoch wird dieser Aspekt in der vorliegenden Arbeit nicht weiter berücksichtigt werden.

1.2. Herkömmliche Methoden der Kreditwürdigkeitsprüfung und ihre Vor- und Nachteile

Da das Problem der Einschätzung der Kreditwürdigkeit schon viele Jahre nicht nur für Banken von großer Bedeutung ist, existiert bereits eine Vielzahl von Ver-

---

[1] vgl. hierzu und zum folgenden Grill, W.; Perczynski, H., 1990, S. 236 f.
[2] vgl. Eilenberger, G., 1995, S. 201 f.
[3] KWG ist das Kreditwesengesetz
[4] Vgl. dazu § 19 II KWG
[5] Vgl. dazu §§ 19 II und III KWG und Eilenberger, G., 1996, S. 203

fahren der Kreditwürdigkeitsprüfung. Die folgende Zusammenstellung erhebt deshalb keinen Anspruch auf Vollständigkeit und soll nur einen kleinen Überblick über zum jetzigen Zeitpunkt oftmals angewandte Methoden der Kreditwürdigkeitsprüfung darstellen. Genauere Informationen können den angegebenen Quellen entnommen werden.

1. Profilanalyse:

Bei diesem Kreditwürdigkeitsprüfungs - Verfahren werden zunächst bereits beendete Kreditverhältnisse untersucht. Diese Kredite werden nach kreditwürdigen und nicht kreditwürdigen Kreditnehmern eingeteilt. Für bestimmte Kennzahlen wird in jeder dieser beiden Gruppen der Mittelwert gebildet. Diese Mittelwerte werden ihrer Höhe nach und in ihrer zeitlichen Entwicklung verglichen. Die Kennzahlen, deren Gruppenmittelwerte sehr unterschiedlich sind, eignen sich besonders als Klassifizierungskriterien. Durch die Untersuchung des Verlaufs der Kennzahlen in einem bestimmten Zeitraum kann ermittelt werden, wann sich eine drohende Insolvenz in der Kennzahlenreihe abzeichnet.[7] Mit Hilfe der ermittelten geeigneten Kennzahlen werden dann neue, noch zu bearbeitende Kreditverhältnisse bezüglich ihrer Kreditwürdigkeit untersucht.

2. dichotomischer[8] univariater[9] Klassifikationstest:

Bei diesem Verfahren wird ebenfalls mit bereits abgeschlossenen Kreditverträgen gearbeitet. Diese werden mit Hilfe einer geeigneten Kennzahl zur Beurteilung der Bonität in je eine Gruppe solventer und insolventer Unternehmen eingeteilt. Nach der Höhe ihrer Kennzahlen geordnet, werden alle diese Unternehmen in eine Reihenfolge gebracht, um einen sogenannten cut off - point, einen Trennwert, be-

---

[6] Weiterführend vgl. Eilenberger, G., 1996, S. 208 f.
[7] vgl. dazu Heno, R., 1983, S. 68 f.
[8] Dichotomie: zweigliedrige Bestimmung eines Begriffs durch einen ihm untergeordneten und dessen Verneinung

stimmen zu können. Dieser Trennwert soll die solventen von den insolventen Unternehmen trennen. Auf diese Art und Weise können auch verschiedene Kennzahlen hinsichtlich ihrer Prognosefähigkeit und Fehlerquote verglichen werden[10]. Mit der Kenntnis des Trennwertes können nun weitere unbekannte Unternehmen in kreditwürdig oder nicht kreditwürdig unterteilt werden. Nachteilig wirkt sich bei diesem Verfahren aus, daß die Klassifikation mit der Beurteilung von lediglich einer Kennzahl erfolgt. Trotz des Vergleichs mehrerer Kennzahlen bezüglich ihrer jeweiligen Eignung zur Kreditwürdigkeitsprüfung dürfte in der Regel eine Kombination von Kennzahlen zur Bonitätsanalyse bessere Ergebnisse erzielen.

3. multiple lineare Diskriminanzanalyse:

Dieses Verfahren ist „...ein multivariater dichotomischer Klassifikationstest mit mathematisch - statistischer Berechnung der Gewichtungen der einzelnen Bonitätskriterien..." (Heno, R., 1983, S. 74), es erfolgt in zwei Stufen.[11]

In der ersten Stufe wird für bereits abgeschlossene Kreditbeziehungen eine lineare Funktion bestimmt, zum Beispiel

$$z = w_1 * x_1 + w_2 * x_2 + ... + w_n * x_n$$

mit den Variablen

w_n .. Gewichtungskoeffizienten,

x_n .. Werte der Bonitätskriterien, bzw. Kennzahlen des jeweils vorliegenden Kreditantrages,

z .. Gesamtpunktwert, der dem Kreditantrag zugeordnet wird; künstlicher und dimensionsloser Diskriminanzwert.

---

[9] univariat: nur mit einer Variation, es erfolgt eine Beurteilung mit jeweils nur einer Kennzahl
[10] vgl. Heno, R., 1983, S. 60 f.
[11] vgl. zum folgenden Heno, R. , 1983, S.75 f.

Ziel des Verfahrens ist es, eine minimale Fehlerrate durch das Minimieren des Überlappungsbereichs zwischen solventen und insolventen Kreditverträgen zu erreichen. Deshalb werden zunächst die optimalen Gewichte bestimmt und der z - Wert berechnet. Danach wird eine Reihenfolge wie beim univariaten dichotomischen Klassifikationstest ermittelt und der optimale Trennpunkt festgelegt. Im Unterschied zum univariaten Klassifikationstest wird bei diesem Verfahren jedoch mit mehreren Kennzahlen gearbeitet. In der zweiten Stufe können nun mit der getesteten Funktion neue und unbekannte Kreditanträge durch den Vergleich des errechneten z-Wertes mit dem optimalen Trennwert geprüft werden. Als Kritikpunkte[12] an diesem Verfahren wären hier folgende Sachverhalte zu berücksichtigen. Erstens: die fehlende theoretische Fundierung, da der angenommene lineare Zusammenhang betriebswirtschaftlich nicht erklärbar ist. Zweitens: die statistischen Voraussetzungen, wie die Normalverteilung der Kennzahlen und die Varianz - Homogenitätsannahme, sie sind meistens nicht statistisch nachweisbar. Drittens: bei diesem Verfahren ist eine Auswahl geeigneter Kennzahlen Voraussetzung für die korrekte Klassifikation der Kreditverträge.

4. multiple Regressionsanalyse[13]

Grundlage dieses Verfahrens ist die Festlegung, daß die abhängige Variable Kreditwürdigkeit nur die zwei Ausprägungen kreditwürdig und nicht kreditwürdig haben kann, gesucht ist somit eine Kennzahlenkombination, die die abhängige Variable am besten erklärt. Mit der Regressionsfunktion wird für diese abhängige Variable Kreditwürdigkeit ein Wert berechnet, der „...als Wahrscheinlichkeit für die Zugehörigkeit eines Kreditnachfragers zur Gruppe der Kreditwürdigen oder der nicht Kreditwürdigen interpretiert wird...". (Krause, C., 1993, S. 24)[14] Eine Wahrscheinlichkeit über 50 % für die Ausprägung 'kreditwürdig' würde bedeuten,

---

[12] vgl. zum folgenden Burger, A., 1994 a, S. 1167
[13] vgl. zum folgenden Krause, C., 1993, S. 24
[14] weiterführend zur Regressionsanalyse siehe Bleymüller, J.; Gehlert, G.; Gülicher, H., Statistik für Wirtschaftswissenschaftler, München 1991, 7. Aufl., S. 139-178

9

daß der Kreditantrag bewilligt werden kann. Bei den regressionsanalytischen Verfahren werden gegenwärtig drei Varianten zur Bonitätsanalyse genutzt, das lineare Wahrscheinlichkeitsmodell mit einer linearen Regressionsfunktion, die Logit-Analyse mit der logistischen Funktion, die auch als Sigmoidfunktion bezeichnet wird und die Probit- Analyse, die der Standardnormalverteilung genügt. Die Vorteile der Regressionsanalyse sind zum ersten die weniger einschränkenden Voraussetzungen als in der Diskriminanzanalyse, zweitens die nicht zwingende Normalverteilung der Kennzahlenwerte und drittens die Bedeutungslosigkeit der ungleichen Varianz - Kovarianz - Matrizen. Nachteilig zu erwähnen sind möglicherweise auftretende Wahrscheinlichkeiten von kleiner als Null oder größer als Eins bei den linearen Modellen. Für solche Wahrscheinlichkeiten sind keine betriebswirtschaftlichen Interpretationen möglich, sie werden auf Null oder Eins normiert. Bei den nichtlinearen Modellen hingegen kann sich das Problem der Bestimmung des geeignetsten Funktionstyps und der Parameterschätzung der Regressionsfunktion nachteilig auswirken. Desweiteren werden mit der Regressionsanalyse in der Regel nur gleich gute oder sogar schlechtere Ergebnisse als mit der Diskriminanzanalyse erzielt.

5. Nächste - Nachbar - Regeln[15]

Bei dieser Vorgehensweise werden bereits vorhandene Kreditbeziehungen zu Klassen mit gleichen Eigenschaften (Muster) zusammengefaßt und in eine Art Musterraum implementiert. Ein neues und unbekanntes Muster wird dann der Klasse zugeordnet, der es am ähnlichsten und somit am nächsten ist. Je geometrisch isolierter die einzelnen Klassen dabei sind, desto erfolgreicher wird die Klassifikation werden. Die Nächste - Nachbar - Regeln gehören zu den Verfahren der Mustererkennung, es existieren mehrere Ausprägungen dieser Regeln.

---

[15] vgl. zum folgenden Heno, R., 1983, S. 228; aus dem Englischen: Nearest - Neighbour

6. Clusteranalysen[16]

Wenn keine Daten aus der Vergangenheit existieren, bzw. nur sehr wenige Fälle mit insolventem Ausgang bekannt sind, eignen sich Clusteranalysen besonders gut zur Kreditwürdigkeitsprüfung. Die Clusteranalyse deckt selbständig Punktehäufungen (= Cluster, Unterklassen) in den unklassifizierten Stichproben auf und beschreibt sie. Sie ist somit ein Konzept „ ... zur Auffindung von lokalen Maxima (Modi) einer Wahrscheinlichkeitsdichte ...". (Heno, R., 1983, S. 245) Die Clusteranalyse kann u.a. mit einer Nächste-Nachbar-Regel verknüpft werden, es existieren auch davon mehrere Varianten.

1.3.   Die Suche nach fortschrittlichen Alternativen

Da alle herkömmlichen Methoden noch immer eine große Fehlerrate bei der Klassifikation von Kreditverhältnissen in kreditwürdige und nicht kreditwürdige aufweisen, wird nicht nur von den Banken nach Alternativen für diesen wichtigen Bereich des Kreditgeschäfts gesucht. Bedingt durch den technischen Fortschritt des 20. Jahrhunderts und seinen großen wissenschaftlichen Erkenntnissen war es möglich, erste Ansätze einer künstlichen Intelligenz zu schaffen und weiterzuentwickeln. Die Erforschung dieser künstlichen Intelligenz und die Prüfung ihrer möglichen Nutzung für die Bonitätsanalyse in Banken steckt jedoch noch in den Anfängen.

Die folgende Abbildung 1 soll eine Einordnung der herkömmlichen Methoden der Kreditwürdigkeitsprüfung und der hier untersuchten Alternativen erleichtern.

---

[16] vgl. zum folgenden Heno, R., 1983, S. 243

11

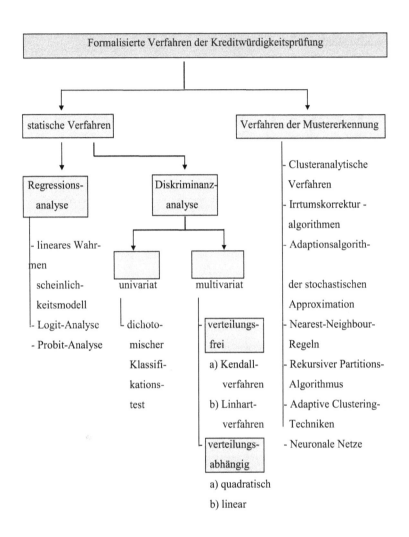

Abb. 1:   Formalisierte Verfahren der Kreditwürdigkeitsprüfung
            Quelle: nach Krause, C., 1993, S. 12-32

2.   Neuronale Netze und Expertensysteme

Die bis zum gegenwärtigen Zeitpunkt entwickelte künstliche Intelligenz wird in
regelbasierende, konventionell künstliche Intelligenz, zu der unter anderem die
Expertensysteme zählen und in konnektionistische Systeme eingeteilt. Den letzte-
ren werden die Neuronalen Netze zugeordnet. Sowohl Expertensysteme als auch
Neuronale Netze sind für die Lösung unscharfer Problemstellungen geeignet[17], es
gibt jedoch Unterschiede in Aufbau und Funktionsweise der beiden Systeme, die
von großer Bedeutung für ihre Einsatzmöglichkeiten sind. Während Expertensysteme sich durch eine symbolische Informationsverarbeitung auszeichnen, arbeiten Neuronale Netze mit einer sub - symbolischen Informationsverarbeitung. Das
folgende Zitat erklärt diese Aussage. „**Neuronale Netze** arbeiten im Gegensatz zu
Expertensystemen ohne eine Wissensbasis, (siehe S. 25, Anm. d. Verf.) die das
Wissen explizit, meistens in Form einfacher Fakten und Regeln enthält. Bei Neuronalen Netzen wird das Wissen dauerhaft im Verbindungsmuster des Netzes und
den Verbindungsgewichten repräsentiert. Die gespeicherten Symbole sind nicht
mehr einzeln lokalisierbar, (wie bei den Expertensystemen, Anm. d. Verf.) sondern verteilt über das ganze Netz." (Krause, C., 1993, S. 75) **Expertensysteme**
dagegen haben ihr Wissen in der Wissensbasis explizit abgespeichert und können
deshalb auch ihre Entscheidungen begründen. Durch diese Eigenschaft sind sie
besonders für deskriptive Problemlösungen geeignet.[18] Neuronale Netze dagegen
speichern ihr Wissen auf sub - symbolische Weise (siehe oben) und können deshalb ihre Entscheidungen nicht begründen. Somit sind sie besonders für den nor-
mativen Bereich prädestiniert, da sie ohne analytische Kenntnisse der Zusammenhänge zwischen dem Problem und seiner Bearbeitung diese Zusammenhänge selbständig ermitteln können.

---

[17] vgl. hierzu und zum folgenden Krause, C., 1993, S. 75
[18] vgl. hierzu und zum folgenden Krause, C., 1993,S. 80 - 81

2.1.   Neuronale Netze

Das ursprüngliche Vorbild der Neuronalen Netze ist das menschliche Gehirn, es
stellte sozusagen den Ausgangspunkt für die Entwicklung Neuronaler Netzwerke
dar. „Unter künstlichen Neuronalen Netzen sind informationsverarbeitende Systeme zu verstehen, die sich an der Struktur und Funktionsweise des Gehirns ori-
entieren." (Corsten, H.; May, C., 1996, S. 217) In Neuronalen Netzen werden sogenannte Units, die ähnlich wie die biologischen Neuronen[19] aufgebaut sind, auf
unterschiedliche Art und Weise miteinander verknüpft. Im Gegensatz zum
menschlichen Gehirn, wo ca. 10^{12} Neuronen aktiv sind, arbeiten in einem künstlichen Neuronalen Netzwerk oftmals nicht mehr als 100 Neuronen zusammen. Im
Unterschied zu biologischen Neuronalen Netzen werden bei den der Natur nach-
empfundenen Netzwerken jedoch keine elektrischen Impulse, sondern Zahlen
weitergeleitet. Bei diesen Zahlen handelt es sich um die Anzahl der elektrischen
Impulse innerhalb einer bestimmten Zeiteinheit. Warum die Entwicklung Neuronaler Netze von großer Bedeutung für die Wissenschaft ist, erklärt das folgende
Zitat von C. Krause. „Die besondere Stärke Neuronaler Netze liegt in der Lösung
unscharfer Problemstellungen, das heißt von Problemen, die nicht durch einen
exakten Algorithmus optimal zu lösen sind, sondern bei deren Lösung es darauf
ankommt,

- zu assoziieren,

- zu interpolieren,

- zu klassifizieren oder

- zu beurteilen." (Krause, C., 1993, S. 73)

In traditionellen Rechnern führt eine einzige zentrale und komplexe Rechenein-
heit, die auch **Unit** genannt wird, sämtliche Bearbeitungsschritte einer Problemstellung sequentiell - also in einer Reihe - aus. In Neuronalen Netzen hingegen
arbeiten an den einzelnen Teilaufgaben viele miteinander verbundene Neuronen -

---

[19] Das biologische Neuron ist eine Nervenzelle, sie besteht aus Zellkörper, auch Soma genannt,
Zellkern, Dendriten, Axon und den Synapsen. (vgl. Rehkugler, H.; Kerling, M., 1995, S. 308)

14

also mehrere Units - parallel und somit gleichzeitig. Im Vergleich zu einem her-
kömmlichen Mikroprozessor hat ein Neuron nur einen sehr kleinen Befehlsvorrat,
es erfaßt und wichtet die ständig eingehenden Impulse von mit ihm verbundenen
Neuronen, summiert sie auf und vergleicht die Summe mit einem Schwellwert.
Überschreitet die Summe diesen Schwellwert, sendet das Neuron selber einen
Impuls aus.

2.1.1. Aufbau und Funktionsweise Neuronaler Netze

Die Neuronen in einem Neuronalen Netz sind miteinander über Synapsen verknüpft und in Schichten angeordnet. Die **Synapsen** sind die Kontaktstellen zwischen den Neuronen,[20] sie wirken „wie Analogschalter, welche die Kommunikation zwischen den Neuronen regeln und somit wichtige Informationsträger darstellen." (Ritter, H.; Martinetz, T.; Schulten, K., 1991, S. 19)

Die **Schichten** eines Neuronalen Netzes unterscheidet man in Eingabeschicht,
Zwischenschichten und Ausgabeschicht. Ein- und Ausgabeschicht, auch input
layer und output layer genannt, besitzen im Gegensatz zu den Zwischenschichten (
hidden layer) externe Verbindungen. Jedes Neuronen der Eingabeschicht hat
grundsätzlich nur einen Eingang. Jedes Neuron einer Schicht ist mit jedem Neuron
der nächsten Schicht verbunden. Es existieren keine Verbindungen zwischen nicht
benachbarten Schichten. Die Neuronen der Ausgabeschicht haben jeweils nur einen Ausgang.

Abbildung 2 veranschaulicht den Aufbau eines künstlichen Neuronalen Netzes
mit einer Zwischenschicht.[21]

---

[20] vgl. hierzu Ritter, H.; Martinetz, T.; Schulten, K., 1991, S. 14
[21] vgl. hierzu Adam, D.; Hering, T.; Welker, M., 1995, S. 509

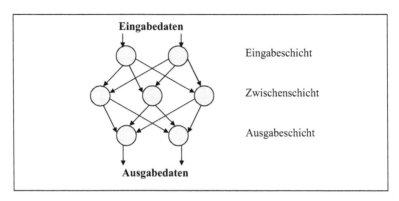

Abb. 2:   Aufbau eines künstlichen Neuronalen Netzes
            Quelle: nach Adam, D.; Hering, T.; Welker, M., 1995, S. 509

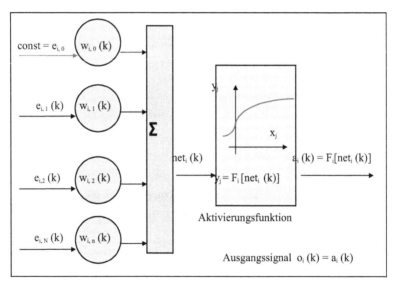

Abb. 3:   Schematischer Aufbau eines künstlichen Neurons
            Quelle: nach Adam, D.; Hering, T.; Welker, M., 1995, S. 510

Gleichung 1:	$x_j = net_i (k) = \sum\limits_{j=1}^{N} w_{i,j} (k) * e_{i,j} (k) + \Theta$

Aus den Eingangssignalen des Neurons wird mit einer **Aktivierungsfunktion** der Aktivitätszustand y_j berechnet. In der Regel werden dabei die Eingabedaten in jedem Neuron mit ihren jeweiligen Wichtungen multipliziert und aufsummiert. Nach Addieren des Offsets erhält man das Nettoeingabesignal $net_i (k)$, wobei k als Abtasttakt bezeichnet wird. Es sind jedoch auch andere Aktivierungsfunktionen möglich. Abbildung 3 zeigt den schematischen Aufbau eines solchen künstlichen Neurons.

Das in Gleichung 1 eingeführte Zeichen Θ wird als **Offset** bezeichnet und dient als Komparatorschwelle. Ein Komparator ist eine elektronische Schaltung, mit der zwei elektronische Größen verglichen werden können. Das Offset ist eine in der Lernphase zu bestimmende Größe und wird oftmals als zusätzliches Eingangs-signal $e_{i,0}$ mit konstantem Wert, zum Beispiel 1, abgebildet. Die Größe des Ausgabe-signals wird aus dem Aktivitätszustand durch eine Ausgabefunktion berech-net, eine häufig benutzte Ausgabefunktion ist die Sigmoidfunktion. In der Regel entspricht die Ausgabefunktion der Aktivierungsfunktion, deshalb wird in dieser Arbeit nur der Begriff Aktivierungsfunktion verwendet. Als Aktivierungsfunktion sind mehrere Funktionen wählbar, Tabelle 1 zeigt eine Auswahl.

Die Bestimmung der Aktivierungsfunktion für ein Neuronales Netz ist von großer Bedeutung. „Durch geeignete Wahl der (Aktivierungs-, Anm. d. Verf.) Funktion läßt sich jede gewünschte nichtlineare Kennlinie realisieren." (H. Sauerburger, 1991, S. 13)

Verlaufs-form	Mathematische Beschreibung	Graphische Darstellung	Anmerkungen
linear, unbegrenzt	$p_k = c * net_k + \lambda$ mit $c > 0$; net_k, $\lambda \in R$		mit $c = 1$ und $\lambda = 0$ ergibt sich die Identitätsfunktion
linear, begrenzt (rampen-förmig)	$p_k = \begin{cases} \beta \text{ falls } net_k \geq \sigma \\ \alpha \text{ falls } net_k \leq \sigma' \\ c*net_k + \lambda \text{ sonst} \end{cases}$ mit β, λ, net_k, α, σ, $\sigma' \in R$		Der untere Schwellenwert σ' muß überschritten werden, bis eine Ausgabe erfolgt; ab σ erfolgt keine Änderung der Ausgabe mehr. Die Funktion ist nicht differenzierbar.
Treppen-funktion	$p_k = \begin{cases} \beta \text{ falls } net_k \geq \sigma \\ \alpha \text{ sonst} \end{cases}$ mit α, β, net_k, $\sigma \in R$		Beim Erreichen von σ erfolgt eine sprungartige Veränderung der Aktivität. Hierdurch können Schwierigkeiten beim Lern-vorgang hervorgerufen werden. Eingeschränkter Einsatzbereich, da keine kontinuierlichen Werte erzeugt werden.
Sigmoid-funktion	z.B. logistische Funktion: $p_k = \dfrac{1}{1 + e^{-\lambda * net_k}}$ mit $\lambda > 0$; $net_k \in R$ oder Tangens Hyperbolicus: $p_k = \tanh(net_k)$ mit $net_k \in R$		Die Ausgabe konvergiert gegen α bzw. β. Tangens Hyperbolicus hat beim Lernverfahren Geschwindig-keitsvorteile gegenüber logisti-scher Funktion. Die Funktion ist dif-ferenzierbar (Voraussetzg. für den Einsatz bestimmter Lernverfahren).

Tab. 1:   Mögliche Aktivierungsfunktionen Neuronaler Netze
Quelle: nach Sauerburger, H., 1991, S. 14 und Corsten, H.; May, C., 1996,   S. 218

Im Bezug auf die Geschwindigkeit unterliegt das Neuron bei einem Vergleich ebenfalls den Transistoren herkömmlicher Rechner; außerdem ist ein Neuron gro-ßen Toleranzen unterworfen. Wird das einzelne Neuron jedoch in ein Neuronales Netzwerk eingebunden, ist dieses System imstande, hochkomplexe Impulsmuster zu produzieren.[22] Diese Impulsmuster sind dabei abhängig von äußeren Einfluß-größen und von der Stärke der Verknüpfungen zwischen den einzelnen Neuronen,

---

[22] vgl. hierzu Ritter, H., 1991, S. 3

welche sich unter dem Einfluß der Impulse ändern können. Der zuletzt angeführte Effekt wird auch als **Lernfähigkeit** bezeichnet. Das Programm und die Intelligenz eines Neuronalen Netzes ist in der Stärke der Verbindungen zwischen den einzelnen Neuronen und somit in einer Art „Verknüpfungsplan" der einzelnen Neuronen zu einem komplexen Netzwerk enthalten. Durch ihre parallele Arbeitsweise mit meist analogem Datenformat sind Neuronale Netze in der Lage „...mit ungenauen, unvollständigen oder teilweise widersprüchlichen Informationen erfolgreich zu operieren und komplexe, oft nur implizit vorhandene Kontextinformationen zu berücksichtigen...". (Ritter, Helge, 1991, S. 3) Ihre Lernfähigkeit befähigt Neuronale Netze, aus Beispieldatensätzen fehlende Informationen zu abstrahieren und bei der Bearbeitung von Aufgaben zu nutzen, für die der Systemnutzer keine explizite Lösungsstrategie vorgeben kann.[23]

2.1.2. Lernfähigkeit

Was bei heutigen Rechnern die Programmierung ist, ist bei Neuronalen Netzen die sogenannte Lernphase. Die dabei benutzten Lernregeln sind jedoch stark von Netzwerktyp und zu bearbeitender Problemstellung abhängig, so daß in dieser Arbeit nur allgemein auf diesen Aspekt eingegangen werden soll.[24] Das Lernen eines Neuronalen Netzes besteht in der schrittweisen Änderung der **Wichtungsfaktoren** oder auch Synapsengewichte, so daß bei Anlegen eines bestimmten Eingangssignals das gewünschte Ausgangssignal erreicht, bzw. der Abweichungsfehler so gering wie möglich wird. Dämpfende Eingabedaten erhalten dabei zum Beispiel negative Wichtungsfaktoren. Ein kleiner Abweichungsfehler wird durch Minimieren der Fehlerfunktion erreicht. In der Regel wird dabei mit einem sogenannten **Gradientenverfahren** gearbeitet, dieses wird häufig zur iterativen Minimabestimmung benutzt. Das Lernen und somit das Optimieren der Wichtungen

---

[23] vgl. Ritter, H., 1991, S.4
[24] speziellere Aspekte nachzulesen bei Cruse, C.; Leppelmann, S., 1995, S. 170 f.

eines Neuronalen Netzes läßt sich nach C. Cruse und S. Leppelmann am besten mit einem **Fehlergebirge** erklären, welches durch die Fehlerfunktion F entsteht. „Der Gradient in einem Punkt zeigt immer in Richtung der größten Steigerung, somit der negative Gradient in die Richtung des steilsten Abstiegs." (Cruse, C.; Leppelmann, S., 1995, S. 170) Berücksichtigt man diese Erkenntnis in Bezug auf das Fehlergebirge, dann folgt, daß der negative Gradient der Fehlerfunktion eine Änderung der Wichtungen so angibt, daß der Gesamtfehler minimiert wird. Abbildung 4 stellt ein solches Fehlergebirge dar. Ziel des Lernens ist es, den Gesamtfehler des Systems zu minimieren, das bedeutet, das **globale Minimum** des Fehlergebirges zu finden. Dieser Gesamtfehler ist dabei die Summe aller Einzelfehler über alle Muster, wobei der Einzelfehler für ein Muster die Abweichung zwischen dem Sollwert und dem vom Netz berechneten Istwert darstellt. Ist der Gesamtfehler kleiner als eine dem Netz vorgegebene Schranke, wurden die Muster korrekt gelernt.

Gleichung 2   Fehlerfunktion $F = \sum_{\text{Muster}} (\text{Sollwert} - \text{Istwert})^2 \longrightarrow \min$

Als Muster werden hierbei die in das Neuronale Netz einzugebenden Werte bezeichnet, für die das Netzwerk die in ihnen eventuell vorhandenen Gesetzmäßigkeiten erkennen soll.

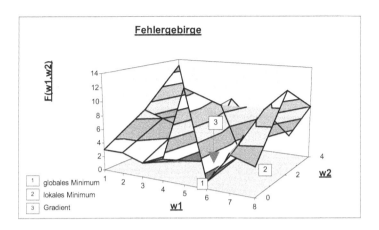

Abb. 4:   Fehlerfunktion eines Netzwerkes mit zwei Eingängen in einem
            dreidimensionalen Raum mit lokalen und globalen Minima
            Quelle: nach Cruse, C.; Leppelmann, S., 1995, S. 170

Beim Lernen wird zwischen dem überwachten (supervised learning) und dem unüberwachten Lernen (unsupervised learning) unterschieden. Das **überwachte
Lernen** kann entweder mit „Lehrer", oder mit „Bewerter" erfolgen. Lernt das
Netz mit einem Lehrer, so wird ihm die richtige Lösung des Problems zum Vergleich bereitgestellt. Beim Lernen mit einem Bewerter erhält das System nach
einem absolvierten Durchlauf nur eine Information über die Qualität des Ergebnis-
ses. Bei selbstorganisierenden Netzwerken, die sich durch unüberwachtes Lernen
auszeichnen, erfolgt die Anpassung der Gewichte nach der Hebbschen Regel.[25]

Hebb stellte 1949 die folgende These auf, welche zumindest teilweise experi-
mentell belegt wurde. Die Wirksamkeit einer Synapse ändert sich „...in Abhängigkeit von der Korrelation zwischen den Aktivitäten ... des die Synapse ansteuern-
den und ... des von der Synapse angesteuerten Neurons...". (Ritter, H.; Martinetz,
T.; Schulten, K., 1991, S. 14) Die **Hebbsche Regel**, daß sich die Verbindungs-

---

[25] vgl. hierzu Hebb, D. O., 1949, zit. nach Sauerburger, H., 1991, S. 15

stärke zwischen zwei Neuronen dauerhaft vergrößert, wenn beide Neuronen gleichzeitig aktiv sind, erklärt jedoch nur, unter welchen Umständen diese Verbindung zu verstärken ist. Die **Anti-Hebb-Regel** [26] besagt, daß eine Gewichtsanpassung erfolgt, „...wenn das Produkt der Ausgabewerte der beiden Neuronen von Null verschieden ist...“. Die Verbindungsgewichte werden dann proportional zu diesem Produkt verändert, es sind auch kontinuierliche und negative Ausgabewerte erlaubt.

Beim **unüberwachten Lernen** wird zwischen der **Delta-Regel** für Netze ohne Zwischenschichten und der generalisierten Delta-Regel für mehrschichtige Netze unterschieden. Nach der Delta-Regel erfolgt die Gewichtsanpassung in Abhängigkeit von der Differenz zwischen dem Sollausgabewert und dem Istausgabewert; bei der generalisierten Delta-Regel wird für die Berechnung der Gewichtsänderungen zusätzlich die Ableitung der Ausgabefunktion verwendet. Für die verdeckten Zwischenschichten werden die Gewichtsfaktoren rekursiv bestimmt, dieser Vorgang wird auch als **Back Propagation Learning** bezeichnet und funktioniert nach dem bereits erklärten Gradientenabstiegsverfahren. Von der Ausgabeschicht aus werden dabei die Gewichtungsfaktoren rückwärtsgerichtet berechnet; das gewünschte Ausgabesignal muß dabei jedoch bekannt sein.[27]

Bei einigen Neuronalen Netzen bleibt die Lernfähigkeit des Systems während der gesamten Nutzungsdauer des Netzes erhalten, ist also kein abgeschlossener Prozeß. Diese Systeme haben den Vorteil, daß sie in der Lage sind, bei einem teilweisen Ausfall des Netzes sich selbst wieder regenerieren zu können.[28]

---

[26] vgl.zum folgenden Dorffner, G., 1991, S. 33 f.

[27] vgl. Sauerburger, H., 1991, S. 22 ; Adam, D.; Hering, T.; Welker, M., 1995 a, S. 509-511 und Krause, C., 1993, S. 52 f.

[28] vgl. dazu Sauerburger, H., 1991, S. 9 f.

2.1.3. Arten von Neuronalen Netzen

Neuronale Netze können in rückkopplungsfreie (**feed-forward**) und in rückge-
koppelte (**feed-backward**) Netze unterteilt werden. Während die ersteren sich
durch eine hohe Stabilität auszeichnen, neigen die anderen zu Schwingungen und
sind nur unter bestimmten Voraussetzungen stabil. Bei feed-forward-Netzen flie-
ßen die Informationen während der Verarbeitungsphase nur in eine Richtung, von
der Eingabeschicht zur Ausgabeschicht. Bei den feed-backward-Netzen dagegen
sind auch Rückkopplungen möglich, zum Beispiel, daß das Ausgabesignal eines
Neurons auch das Eingangssignal eines Neurons sein kann, welches der ihm vor-
gelagerten Schicht angehört.

Eine andere Typisierung der Neuronalen Netze ist die Unterscheidung in **funk-
tionsoptimierende** und **funktionsbildende** Netze. Während bei den funktionsop-
timierenden Neuronalen Netzen der funktionale Zusammenhang zwischen der
Eingabe und Ausgabe eines Netzes bekannt ist und die Daten gesucht werden, die
diesem Zusammenhang am besten entsprechen, wird bei den funktionsbildenden
Netzen versucht, diesen Zusammenhang zu finden. Funktionsbildende Neuronale
Netze werden mit Beispielfällen trainiert, nach dem Abschluß der Lernphase ist
das Netz in der Lage, auf neue Eingaben selbständig neue Ausgabedaten zu bil-
den. Dieser Prozeß wird auch als „Mustererkennung" bezeichnet. (vgl. Corsten,
H.; May, C., 1996, S. 217 ff.)

Bei einer **Mustererkennung** werden wirkungsdefekte Probleme mit unbekannten
Ursache - Wirkungs - Zusammenhängen bearbeitet. Das Neuronale Netz wird mit
einer großen Anzahl von Beispielfällen konfrontiert, die es lernt und speichert.
Nach dem Lernen kann das Netz als eine Art Funktion interpretiert werden, die
auf Eingabe von neuen Werten Outputgrößen bildet, somit eine Art Schema, bzw.
Muster in den Beispielen erkannt hat, es auf neue Fälle anwendet und so neue
Daten ableitet. Die Fähigkeit Neuronaler Netze, Muster zu erkennen, ist deshalb
gut für Prognosezwecke.

2.1.4. Entwicklung und Simulation von Neuronalen Netzen

Die Entwicklung und Simulation Neuronaler Netze erfolgt zum gegenwärtigen Zeitpunkt mit Neuro Software, die in folgende Gruppen unterteilt werden können: Die erste Gruppe nennt sich **Shells**. Shells sind selbständige Programme, die oft mit einer graphischen Benutzeroberfläche arbeiten. Sie bieten eine bequeme Entwicklungsumgebung und ermöglichen in der Regel eine Visualisierung von Netzaufbau, Lernstand und Netzparametern.

Die zweite Gruppe bezeichnet man als **Add-ons**. Add-ons sind sogenannte Aufsätze auf bereits bestehende Softwaresysteme, deren Funktionalität und Fähigkeiten dadurch erweitert werden und somit die Simulation der Neuronalen Netze ermöglichen. Die vorhandene Basissoftware kann dabei im Rahmen ihrer Möglichkeiten benutzt werden.

Die dritte Gruppe sind **Entwicklungssprachen**. Hier unterscheidet man Toolboxen und Spezialsprachen. Toolboxen ermöglichen die Entwicklung der Neuronalen Netze mit Hilfe von bekannten und verbreiteten Programmiersprachen. Spezialsprachen sind unbekanntere Sprachen, sie stellen eine Schnittstelle zu einem Neuronalen Simulationsprogramm her. Der Benutzer von Spezialsprachen muß sich einer hohen Anforderung stellen, weil Spezialsprachen eine enorme Flexibilität beim Entwurf von Neuronalen Netzen besitzen.

2.1.5. Beispiele für Neuronale Netze

Das **Perceptron**, das 1958 von F. Rosenblatt entwickelt wurde, kann als eines der ersten Neuronalen Netze bezeichnet werden. Es ist rückkopplungsfrei, besitzt keine Zwischenschichten und ist somit eines der einfachsten Neuronalen Netze. Später wurden **mehrschichtige Netzwerke** entwickelt, die mit dem Back - Propagation - Algorithmus arbeiten. Eines davon wurde von J.L. Mc Clelland und D.E. Rumelhart im Jahre 1988 vorgestellt.

Das **Hopfield-Netzwerk** ist dagegen einschichtig, aber rückgekoppelt und vollständig vernetzt, bis auf die Tatsache, daß es keine Rückkopplung des eigenen Ausgangs eines Prozessorelements gibt. Das bedeutet, daß zum Beispiel das Output des Prozessorelements X nicht noch einmal mit diesem X verbunden ist, sondern nur mit den anderen Prozessoren.

Das **Kohonen-Netzwerk** ist ein einschichtiges und rückkopplungsfreies Netz. Es zeichnet sich durch unüberwachtes Lernen aus, und jeder Eingang ist mit allen Prozessor - Elementen verbunden, aber es gibt keine Rückkopplung der Outputs.[29]

2.2. Expertensysteme

„Expertensysteme sind Programme, mit denen das Spezialwissen und die Schlußfolgerungsfähigkeit qualifizierter Fachleute auf eng begrenzten Aufgabengebieten nachgebildet werden soll." (Puppe, F., 1991, S. 3) Bei Expertensystemen sind sowohl geschlossene als auch dialogfähige Systeme möglich, sie sind charakterisiert durch gezieltes schlußfolgerndes Verknüpfen von einzelnen Fakten. In der Entwicklung der Expertensysteme ist eine Entfernung von sequentiellen hin zu pa-

---

[29] vgl. Sauerburger, H., 1991, S. 18-27

25

rallelen Abläufen zu beobachten. Expertensysteme sind flexibel bei viel Wissen und relativ wenig Regelvorgaben.

„Expertensysteme sind wissensbasierte Programmsysteme, die mittels schlußfolgernden Verknüpfungen und Verarbeitungsschritten den Benutzer bei der Lösung eines konkreten Problems im Entscheidungsprozeß unterstützen."
(Vincenz-Weder, P., 1990, S. 24)

Expertensysteme beinhalten das Wissen und die Erfahrungen von einzelnen oder mehreren Experten. Sein Wissen ermöglicht es dem Experten, Lösungen und Strategien zur Bearbeitung von Problemen seines konkreten Fachgebiets zu entwickeln, die von weniger geschultem Personal nicht entworfen werden könnten. Da jedoch in der Praxis die Betreuung von Aufgaben durch Experten relativ kostenaufwendig ist, wurde mit der Entwicklung von Expertensystemen versucht, eine Art Computersimulation von Experten zu schaffen, mit deren Hilfe es auch Laien möglich ist, schwierige und fachspezifische Probleme zufriedenstellend zu bearbeiten.

Expertensysteme sind nicht nur einfache Programmabfolgen, mit deren Hilfe sich eine spezielle Art von Problemen leichter lösen läßt, sondern umfassende Systeme mit einer bestimmten Systemarchitektur.[30] Abbildung 5 zeigt diesen Aufbau.

---

[30] vgl. hierzu und zum folgenden Vincenz-Weder, P., 1990, S. 26 ff.

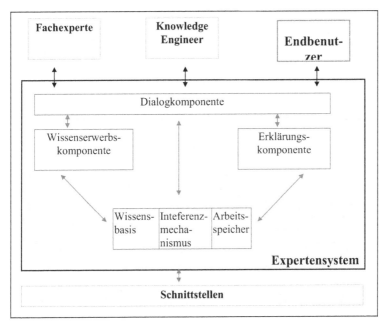

Abb. 5:   Systemarchitektur eines Expertensystems
            Quelle: nach Vincenz-Weder, P., 1990, S. 26 f.

Wichtig im Vergleich zu Neuronalen Netzen ist, daß bei Expertensystemen bestimmte Bereiche bereits vorhandenen Expertenwissens abgebildet werden, daß
Expertensysteme aber nicht in der Lage sind, noch fehlendes menschliches Expertenwissen zu ersetzen.

Während der Bearbeitung einer Aufgabe können Expertensysteme also Teilaufgaben übernehmen, für die sonst hochspezialisierte Experten nötig wären. Bei der
Implementierung eines Expertensystems sind folgende Schritte notwendig:

Der für das entsprechende Fachgebiet qualifizierte Experte muß über genügenden
zeitlichen Freiraum verfügen, um im Prozeß des Knowledge Engineering mit dem
Wissensingenieur sein Fachwissen in Form von Heuristiken, Gesetzmäßigkeiten

und Erfahrungen zusammenzutragen. Der Wissensingenieur codiert das gesam-
melte Expertenwissen in eine Programmiersprache und implementiert das zukünf-
tige Expertensystem. Sowohl Experte, als auch Wissensingenieur müssen das
entworfene Expertensystem testen. Dieser ganze Prozeß ist äußerst kostenaufwendig und fehlerintensiv. Im Vergleich dazu muß bei einem Neuronalen Netz der
Fachexperte Beispiele für sein Aufgabengebiet benennen und das damit gespeiste
Neuronale Netz erlernt selbständig die eingegebenen Muster. Dieser Prozeß ist
somit weniger zeit- und kostenintensiv.

2.2.1. Aufbau von Expertensystemen

Die in Abbildung 5 dargestellten Komponenten eines Expertensystems[31] sind:

1. Wissensbasis
2. Arbeitsspeicher
3. Inferenzkomponente
4. Wissenserwerbskomponente
5. Erklärungskomponente
6. Dialogkomponente
7. Schnittstellen
8. Involvierte Personen.

Die **Wissensbasis** kann sowohl problemorientiert, als auch systemorientiert betrachtet werden. Die folgende Abbildung 6 zeigt eine Gegenüberstellung der beiden Sichtweisen.

---

[31] vgl. hierzu und zum folgenden Vincenz-Weder, P., 1990, S. 29-42

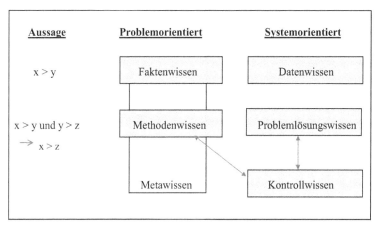

Abb. 6:   Gegenüberstellung des problemorientierten und des systemorientierten Wissens
            Quelle: nach Vincenz-Weder, P., 1990, S. 33

Bei einem **problemorientierten Ansatz** beinhaltet sie Faktenwissen, Methodenwissen und Metawissen.

Das in der Wissensbasis enthaltene **Faktenwissen** bedeutet, daß bestimmten Ob-
jekten fest zugeordnete statistische Daten angehören. Ein Beispiel hierfür sind
folgende Aussagen:

'Jetzt ist es 11 Uhr' und
'Der Zug fährt 11.13 Uhr'.

Durch die Verknüpfung von Faktenwissen gewinnt man **Methodenwissen** oder
auch Erfahrungswissen. Diese Verknüpfung erfolgt auf Grund von experimentel-
len Erfahrungen, Faustregeln, Vermutungen sowie Assoziationen und ist proble-
matisch, da diese beobachtbar, stets anwendbar und stabil sein müssen, damit sie
formalisiert werden können.

'Die bis zur Abfahrt des Zuges noch verbleibende Zeit kann man aus der Ab-
fahrtszeit abzüglich der aktuellen Zeit berechnen.'

Mit dieser Aussage wird aus zwei statistischen Daten eine dynamische Größe ermittelt.

Die dritte in der Wissensbasis enthaltene Komponente ist das **Metawissen**. Dieses Wissen dient der qualitativen Beurteilung des Faktenwissens und ist ein Teilbereich des Methodenwissens. Es ist das Wissen um des Wissens selbst und dient als Erklärungskomponente.

Bei einem **systemorientierten** Ansatz beinhaltet die Wissensbasis das Datenwissen, das Problemlösungswissen und das Kontrollwissen.

Das **Datenwissen** kann fest in die Wissensbasis integriert sein, bei größeren Datenmengen empfiehlt sich jedoch eine externe Datenbank. Das Datenwissen entspricht dem Faktenwissen im problemorientierten Ansatz.

Das **Problemlösungswissen** ist eine Art von methodischem Wissen über die Zusammenhänge zwischen den einzelnen Fakten, es ist auf die spezielle Funktion des jeweiligen Expertensystems zugeschnitten.

Das **Kontrollwissen** bestimmt die Steuerung des Expertensystems mit, diese Steuerung entspricht zum Teil dem Metawissen. Das Kontrollwissen kann in die Inferenzkomponente ausgelagert werden, es enthält allgemeines und problemspezifisches Methodenwissen, wobei nach dem allgemeinen Methodenwissen wichtige Fakten zuerst bearbeitet werden sollen und das spezielle die zweckmäßige Bearbeitungsfolge der Teilprobleme beinhaltet.

Der **Arbeitsspeicher** enthält alle Informationen und Daten über den aktuell bearbeiteten Fall, die teilweise vom System, aber auch vom Nutzer bereitgestellt werden.

Die **Inferenzkomponente** leitet neues Wissen, das noch nicht in der Wissensbasis enthalten ist, ab. Dieser Prozeß kann deduktiv, induktiv, statistisch oder analogisch erfolgen. Bei der deduktiven Wissensbildung werden aus allgemeinen Regeln spezielle Aussagen abgeleitet, bei der induktiven werden aus bearbeiteten

Einzelaktionen auf allgemeine Gesetzmäßigkeiten geschlossen. Eine ungesicherte Entscheidungsfindung auf Grund von unsicherem und vagem Wissen erfolgt bei der statistischen Wissensableitung, während bei der analogischen eine Entscheidungsfindung bei einem unbekannten Sachverhalt auf Grund von gefundenen Analogien zu bekannten Sachverhalten stattfindet.

Die **Wissenserwerbskomponente** dient der Aufnahme neuen Wissens sowie der Aktualisierung und Verwaltung der Wissensbasis. Dieser Vorgang kann sowohl aktiv durch eine direkte Eingabe von außen, zum Beispiel mit Programmen oder durch Experten, als auch passiv durch den Erwerb von neuem Wissen über die Inferenzkomponente intern im System erfolgen.

Mit der **Erklärungskomponente** besitzt das System sozusagen das „Wissen über sich selbst", das heißt, daß der Benutzer jederzeit einen Überblick über die bis zum aktuellen Zeitpunkt ablaufenden Prozesse innerhalb des Systems abfragen kann. Mit dieser Option kann der Nutzer den Weg der Entscheidungsfindung durch das System zu den von ihm eingegebenen Daten nachvollziehen und überprüfen.

Die **Dialogkomponente** dient der Kommunikation zwischen System und Benutzer.

Die **Schnittstellen** werden zur Kopplung und Integration in die bereits vorhandene EDV - Struktur benötigt.

Die **involvierten Personen** sind der Fachexperte, der Wissensingenieur und der Endbenutzer. Der Fachexperte stellt für die Konzipierung des gewünschten Expertensystems sein Wissen zur Verfügung. Er muß teilweise Wissen über Expertensysteme erlangen und zusammen mit dem Wissensingenieur nach der Implementierung Systemtests und Korrekturen vornehmen. Der Wissensingenieur muß dem Experten helfen, dessen Problemlösungswissen zu identifizieren, zu strukturieren, zu formalisieren, in geeignete Konzepte aufzugliedern und anschließend in

der Wissensbasis des Expertensystems zu manifestieren. Der Endbenutzer benötigt die Entscheidungsfindung des Systems als Unterstützung bei seiner Bewälti-
gung des vorliegenden Problems.

3. Neuronale Netze und Expertensysteme in der Kreditwürdigkeitsprüfung von Banken

Die folgende Übersicht über einige ausgewählte Studien zur Verwendung von
Neuronalen Netzen und Expertensystemen in der Kreditwürdigkeitsprüfung ist nur
ein kleiner Ausschnitt und zeigt, daß durch die Vielzahl der möglichen Netzvari-
anten noch sehr viel unerforschtes Terrain in Bezug auf diese Anwendungsmög-
lichkeit der künstlichen Intelligenz brachliegt.

3.1. Neuronale Netze und Expertensysteme in der Kreditwürdigkeitsprüfung

Wichtig für eine sinnvolle Beurteilung der erzielten Ergebnisse der folgenden
Untersuchungen ist die Höhe des Alpha- und des Betafehlers.[32] Abbildung 7 zeigt
einen möglichen Verlauf des Alpha- und des Betafehlers bei einer **dichotomischen Klassifikation**, das heißt, der Kreditnehmer ist entweder solvent oder insolvent, es existieren keine Zwischenstufen.

---

[32] vgl. hierzu und zum folgenden Krause, C., 1993, S. 70

32

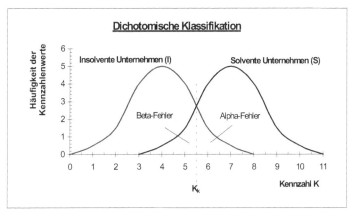

Abb. 7:   Dichotomische Klassifikation
            Quelle: Krause, C., 1993, S. 79

Der **Alphafehler**, auch als Fehler erster Art bezeichnet, ist der Prozentsatz von insolventen Unternehmen, die als solvent klassifiziert werden. Der **Betafehler**, oder auch Fehler zweiter Art, gibt den Prozentsatz solventer Unternehmen an, die als insolvent klassifiziert wurden. K_K wird als **kritischer Trennwert** bezeichnet, er minimiert die Zahl der falsch klassifizierten Unternehmen. Liegt eine Normalverteilung der Kennzahlenwerte vor, befindet sich der kritische Trennwert genau im Schnittpunkt der beiden Verteilungen, unter der Annahme, daß solvente und insolvente Unternehmen gleich häufig sind.

Die folgenden Beispiele zur Untersuchung der Kreditwürdigkeit sind verschiedenen Literaturquellen entnommen und stellen zum größten Teil Modelle dar.

33

3.1.1. Netz nach Odom / Sharda zur Insolvenzprognose[33]

Dieses Netz wurde an der Oklahoma State University im Jahre 1990 entwickelt und ist wahrscheinlich der erste Versuch, ein Neuronales Netz zur Kreditwürdigkeitsprüfung zu nutzen. Es erfolgte ein Vergleich zwischen dem Neuronalen Netz und einer multivariaten linearen Diskriminanzanalyse mit gleichem Datenmaterial, das aus den Jahresabschlußdaten von 64 solventen und 65 insolventen Unternehmen der Jahre 1975 bis 1982 bestand. Die Analysestichprobe beinhaltete 38 insolvente und 36 solvente Unternehmen, sie wurde benutzt, um die Diskriminanzfunktionen zu ermitteln und das Neuronale Netz zu trainieren. Die aus den Daten gebildeten Kennzahlen waren:

-Working Capital / Summe der Aktiva,
-einbehaltene Gewinne / Summe der Aktiva,
-Ergebnis vor Zinsen und Steuern / Summe der Aktiva,
-realer Marktwert / Summe der Passiva,
-Verkäufe / Summe der Aktiva.

Das verwendete Netz war ein dreischichtiges Backpropagation Netz ohne Rückkopplungen, es erfolgte ein überwachtes Lernen. In dem Netz wurde ein sogenanntes Momentum verwendet, das heißt „...bei jedem Lernschritt wird zur aktuellen Änderung der Verbindungsgewichte noch die Gewichtsänderung des letzten Lernschritts addiert...". (Krause, C., 1993, S. 65) Durch dieses Momentum beschleunigt sich der Lernprozeß und unsinnige Anpassungen der Gewichte, die durch widersprüchliche Muster bedingt sind, werden in ihrem Ausmaß gedämpft, bzw. ganz verhindert. Verändert wurde nur das Verhältnis von solventen und insolventen Unternehmen. Die folgende Abbildung 8 zeigt das Ergebnis der Untersuchung.

---

[33] vgl. zum folgenden Odom, M. D.; Sharda, R., 1990, S. 163-168, zitiert nach Krause, C., 1993, S. 82 ff.

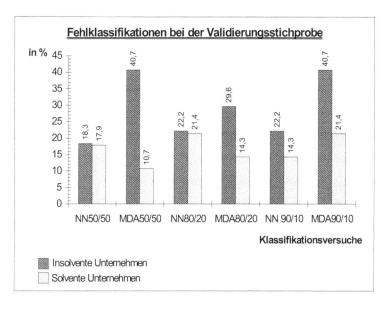

Abb. 8:   Klassifikationsergebnisse nach Odom / Sharda
                   Quelle: nach Odom, M. D.; Sharda, R., 1990, S. 165

Die Abkürzung NN 90/10 bedeutet, daß dieses Ergebnis mit einem Neuronalen Netz erzielt wurde und das Verhältnis der solventen zu den insolventen Unternehmen dabei 90:10 betrug. Das gleiche bedeutet MDA 90/10, wobei MDA für multivariate lineare Diskriminanzanalyse steht.

In der dargestellten Abbildung 8 zeigt sich, daß alle Unternehmen, deren Kennzahlenwerte über dem kritischen Trennwert liegen, als solvent beurteilt werden, während alle Unternehmen, deren Kennzahlenwerte unter K_K liegen, als insolvent gelten. Ein Vergleich der Ergebnisse ist jedoch schwierig, da sich meistens unterschiedliche Alpha- und Betafehler ergeben. Sinnvoll wäre es zum Beispiel, die Klassifikationen von MDA 80/20 und NN 90/10 sowie von MDA 90/10 und NN 80/20 zu vergleichen. MDA 80/20 hat bei gleichem Betafehler in Höhe von 14,3 % einen um 7,4 % höheren Alphafehler als NN 90/10. MDA 90/10 hat bei gleichem Betafehler in Höhe von 21,4 % einen um 18,5 % höheren Alphafehler als NN 80/20. Weiterhin ist ersichtlich, daß NN 50/50 einen um 3,7 % geringeren Alphafehler als NN 80/20 hat, auch der Betafehler fällt um 3,5 % geringer aus als bei NN 80/20.

Bei einem Vergleich der drei Neuronalen Netze fällt auf, daß deren Klassifikationsergebnisse trotz einer Veränderung des Verhältnisses der solventen zu den insolventen Unternehmen relativ stabil bleiben.

3.1.2. Insolvenzprognose mit Neuronalen Netzen nach Tam / Kiang[34]

Bei dieser Untersuchung wurden keine Unternehmen, sondern nur Banken zu Insolvenzprognosen herangezogen, sie erfolgte mit zwei unterschiedlichen Neuronalen Netzen.

Es wurden die Jahresabschlüsse zweier aufeinanderfolgender Jahre von 81 insolventen und 81 solventen Banken verwendet, bei den insolventen Banken wurden die beiden letzten Jahresabschlüsse vor der Insolvenz in die Untersuchung einbezogen. Die Analysestichprobe beinhaltete 59 insolvente und 59 solvente Bankendatensätze, von denen jeder 19 Kennzahlen enthielt, wie zum Beispiel die Eigenkapitalquote oder Kennzahlen über Vermögensstruktur und Liquidität. Die Daten wurden mit den folgenden vier unterschiedlichen Verfahren untersucht:

1. zwei Backpropagation Netze mit unterschiedlicher Architektur (NN0 und NN10),

2. multivariate lineare Diskriminanzanalyse (MDA),

3. Factor Logistic (FL) als Variante der logistischen Regression[35],

---

[34] vgl. zum folgenden Tam, K. Y.; Kiang, M., 1990, S. 265 ff.
[35] siehe S. 5-6 dieser Arbeit

36

4. Nearest - Neighbour - Regeln (kNN), einmal erfolgte die Zuordnung nach dem nächsten Nachbar (kNN1), bei der zweiten Variante nach der Mehrheit der nächsten drei Nachbarn (kNN3).

NN0 ist ein zweischichtiges Netz mit 19 Neuronen in der Eingabeschicht und einem Neuron in der Ausgabeschicht, während NN10 ein dreischichtiges Netz ist, das neben dem gleichen Aufbau wie NN0 eine Zwischenschicht mit 10 Neuronen besitzt. Die beiden Netze wurden fünfmal trainiert, andere Parameter als die unterschiedliche Architektur der Netze wurden nicht verändert.

Abbildung 9 zeigt die Klassifikationsergebnisse der Untersuchung der Datensätze ein Jahr vor der Insolvenz, während Abbildung 10 die Ergebnisse der Jahresabschlüsse zwei Jahre vor der Insolvenz darstellt.

Die in Abbildung 9 zu sehenden Klassifikationsergebnisse ermöglichen lediglich drei sinnvolle Vergleiche. Die MDA und FL haben sowohl den gleichen Alpha- (22,7 %) als auch den gleichen Betafehler (9,1 %). Ihre Prognosegenauigkeit ist somit gleich hoch. Bei einem gleichen Betafehler (9,1 %) wie die MDA und FL weist kNN3 jedoch einen um 13,7 % höheren Alphafehler von 36,4 % auf und erbringt somit für dieses Analysematerial schlechtere Klassifikationsergebnisse als die MDA und FL. Vergleicht man das Neuronale Netz NN10 mit der MDA, FL und kNN3, so hat es zwar den geringsten Alphafehler (9,0 %), jedoch auch den höchsten Betafehler (18,0 %). Eine Aussage darüber, welcher der beiden Fehler größere negative Auswirkungen auf die wirtschaftliche Lage einer Bank hätte, ist nicht möglich, da beide Fehlerquoten für Verluste stehen und eine gewichtete Bewertung nicht möglich ist.[36] Das macht deutlich, warum es sinnvoll ist, nur Verfahren zu vergleichen, bei denen entweder die Alpha- oder die Betafehler die gleiche Höhe besitzen, so daß dann der unterschiedlich hoch ausfallende Fehler als Kriterium benutzt werden kann.

---

[36] weiterführend in Krause, C., 1993, S. 119-122

37

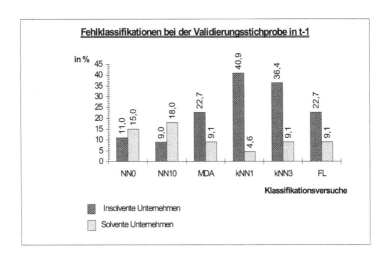

Abb. 9:   Klassifikationsergebnisse nach Tam / Kiang der Jahresabschlüsse ein Jahr vor der Insolvenzprognose
Quelle: nach Tam, K.Y.; Kiang, M., 1990, S. 267

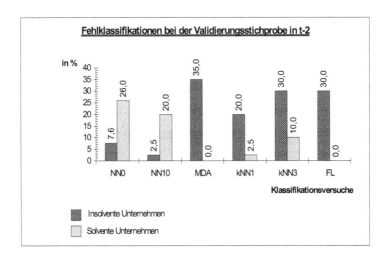

Abb. 10:   Klassifikationsergebnisse nach Tam / Kiang der Jahresabschlüsse zwei Jahre vor der Insolvenzprognose
Quelle: nach Tam, K.Y.; Kiang, M., 1990, S. 268

Die in Abbildung 10 dargestellten Ergebnisse erlauben folgende Vergleiche: Sowohl die MDA als auch die FL klassifizieren mit einem Betafehler von 0 %, der Alphafehler der MDA (35 %) liegt dabei jedoch um 5 Prozentpunkte höher als der der FL (30 %). Bei einem gleichen Alphafehler in Höhe von 30 % weist die FL mit einem Betafehler von 0 % jedoch bessere Klassifikationsergebnisse auf als die kNN3, deren Betafehler 10 % beträgt. Vergleicht man die beiden Neuronalen Netze miteinander, so ist ersichtlich, daß NN10 sowohl beim Alpha- als auch beim Betafehler niedriger liegt als NN0. Bei einem Vergleich von kNN1 und kNN3 hat kNN1 sowohl einen geringeren Alpha- als auch Betafehler.

Diese Vergleiche vermitteln den Eindruck, daß Neuronale Netze annähernd die gleichen Klassifikationsergebnisse erreichen wie die anderen verwendeten Verfahren.

3.1.3. Kreditwürdigkeitsprüfung bei Konsumenten nach Schumann / Lohrbach / Bährs[37]

Die Besonderheit einer Bonitätsanalyse bei Konsumenten besteht darin, daß für diese keine Jahresabschlußdaten zur Verfügung stehen. Die für die Analyse verwendeten Daten stammen aus 1.095 Kreditanträgen mit jeweils 20 Merkmalen, die in der Regel qualitativer Art waren. Die Analysestichprobe enthielt die Daten von 200 insolventen Kunden und 600 solventen Kunden, in der Validierungsstichprobe wurden die Datensätze von 100 insolventen und 195 solventen Kunden verwendet.

Getestet wurden fünf Neuronale Netze, davon waren die beiden ersten auf die assoziative Speicherung spezialisiert[38], die anderen drei dagegen besonders für Klas-

---

[37] vgl. zum folgenden Schumann, M.; Lohrbach, T.; Bährs, P., 1992 zit. nach Krause, C., 1993, S. 91 ff.
[38] vgl. dazu und zum folgenden Krause, C., 1993, S. 70 f.

39

sifikationsaufgaben geeignet, und zwei konventionelle Methoden der Kreditwürdigkeitsprüfung, der rekursive Partitions-Algorithmus (RPA) und ein Scoring
Modell (SCORE). Die verwendeten Netze waren:

-Bidirectional Associative Memory (BAM),

-Hamming Network (HAMN),

-Counterpropagation Network (CP),

-Selbstorganisierende Karte mit Klassifizierung (SOK-KL),

-Learning Vector Quantization (LVQ).

Die Klassifikationsergebnisse der einzelnen Verfahren wurden mit der folgenden
Kostenfunktion K bewertet:

$$K = \frac{\text{Gute} * (1 - \beta \text{ Fehler}) * k_{Opp} + \text{Schlechte} * (1 - \alpha \text{ Fehler}) * k_{Ausf.}}{\text{Gute} * k_{Opp} + \text{Schlechte} * k_{Ausf.}}$$

k_{Opp} ... Opportunitätskosten
$k_{Ausf.}$ ... Ausfallkosten
Gute ... Zahl der kreditwürdigen Kunden in der Validierungsstichprobe
Schlechte ... Zahl der nicht kreditwürdigen Kunden in der Validierungs-
stichprobe
α Fehler ... Alphafehler
β Fehler ... Betafehler

Die in der Gleichung verwendeten **Opportunitätskosten** entstehen durch die Einstufung kreditwürdiger Konsumenten als nicht kreditwürdig und verkörpern somit
entgangene Gewinne. Die **Ausfallkosten** dagegen entstehen durch einen Kreditausfall, wenn ein nicht kreditwürdiger Konsument als kreditwürdig eingestuft
wird und somit seinen Kreditverpflichtungen nicht nachkommen kann. K wird als
relative Größe berechnet, nimmt die Funktion den Wert 1 - also 100 % - an, so

40

wurde kein Unternehmen fehlklassifiziert. Die Verwendung des Begriffs Kosten für K ist somit irreführend, da ein hoher Wert für K auf eine geringe Fehlklassifizierung hinweist und damit niedrige Kosten bedeutet.

In der Abbildung 11 wurden die K - Werte für zwei unterschiedliche Kostenverhältnisse zwischen den Opportunitäts- und den Ausfallkosten berechnet. Im ersten Fall beträgt das angenommenen Kostenverhältnis 1 : 5, das zweite angenommene Verhältnis beträgt 1 : 1.

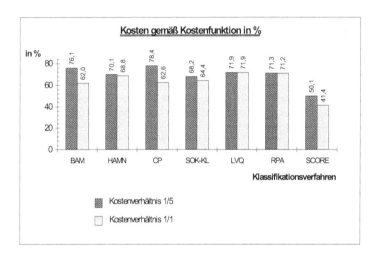

Abb. 11:   Kosten der Fehlklassifikationen nach Schumann / Lohrbach / Bährs
             Quelle: nach Schumann, M.; Lohrbach, T.; Bährs, P., 1992, S. 93

Aus der Abbildung ist ersichtlich, daß das Neuronale Netz CP für das Kostenverhältnis 1 : 5 den höchsten Prozentsatz (78,4 %) und somit die niedrigsten Kosten aufweist. Für das Kostenverhältnis 1 : 1 liefert das Neuronale Netz LVQ den höchsten Prozentsatz (71,9 %) und verursacht somit die geringsten Kosten. Bei den konventionellen Verfahren liegt RPA noch sehr kostengünstig und erbringt annähernd die gleichen Ergebnisse wie LVQ, während SCORE von allen Klassifikationsverfahren bei beiden Kostenverhältnissen am schlechtesten abschneidet. Betrachtet man nun die in Abbildung 12 dargestellten Alpha- und Betafehler, so ergibt sich jedoch ein ganz anderes Ergebnis.

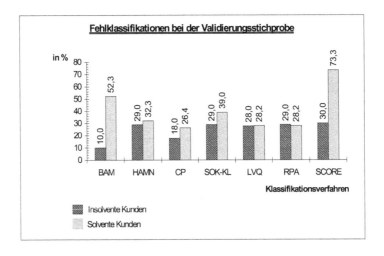

Abb. 12:   Fehlklassifikationen nach Schumann / Lohrbach / Bährs
              Quelle: nach Schumann, M.; Lohrbach, T.; Bährs, P., 1992, S. 94

Das Counterpropagation Netz CP weist im Vergleich mit den anderen Verfahren HAMN, SOK-KL, LVQ, RPA und SCORE durchweg niedrigere Alpha- und Beta-fehler auf. Untersucht man dagegen die Eignung des CP über die von ihm verur-sachten Kosten, so würde es bei einem Kostenverhältnis von 1 : 1 nur auf einem '5. Platz' liegen. Diese Aussage zeigt, daß solche Kostenanalysen kritisch zu be-urteilen sind.

3.1.4. Klassifikation von Unternehmen nach Erxleben / Baetge / Fei-dicker / Koch / Krause / Mertens

Diese Untersuchung erfolgte mit 3.539 Datensätzen, die die Jahresabschlußkennzahlen von 1.183 insolventen und 2.356 solventen Unternehmen enthalten. Die Analysestichprobe bestand aus 336 insolventen und 336 solventen Unternehmen, die Validierungsstichprobe aus 847 insolventen und 2.020 solventen Unternehmen. Die Daten wurden periodisiert, es ist eine Untersuchung der letzten drei Jahresabschlußdaten vor der Insolvenz.

Es wurde ein Backpropagation Netz verwendet, bei dem vorher verschiedene Parameter, wie zum Beispiel die Anzahl der Lernschritte, die Netzarchitektur, die Anzahl der verwendeten Kennzahlen und das Verhältnis der solventen und insolventen Unternehmen der Validierungsstichprobe variiert und getestet wurden. Das ausgewählte Netz besitzt 4 Neuronen in der Eingabeschicht, je 4 Neuronen in drei Zwischenschichten und eine Ausgabeschicht mit 2 Neuronen, es wurde mit 10.000 Lernschritten trainiert.

Abbildung 13 zeigt die ermittelte Fehlklassifikationsrate.

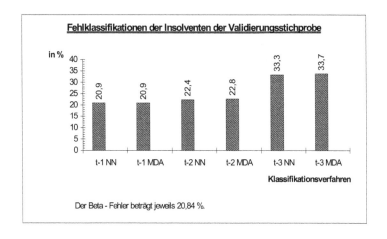

Abb. 13:   Klassifikationsergebnisse nach Erxleben et al.
            Quelle: nach Erxleben, K.; Baetge, J.; Feidicker, M.; Koch, H.; Krause, C.;
            Mertens, P., 1992, S. 1240

Bei den in Abbildung 13 dargestellten Alphafehlern betrug der Betafehler stets 20,84 %. Die für die Perioden t-1, t-2 und t-3 erzielten Ergebnisse der Diskriminanzfunktion (MDA) und des Neuronalen Netzes sind nahezu identisch und bestätigen die Eignung Neuronaler Netze zur Kreditwürdigkeitsprüfung. C. Krause[39], der diese Untersuchung ebenfalls erwähnt, fügt jedoch die folgenden Kritikpunkte an der Vorgehensweise von Erxleben et al. hinzu:

1.   Es ist zu prüfen, ob sich durch geeignetere Parametertests nicht noch bessere Klassifikationsergebnisse erzielen lassen, da die unterschiedlichen Parametereinstellungen während der Untersuchung nicht systematisch getestet wurden, das heißt, eine Parametereinstellung, die gute Klassifikati-

---

[39] vgl. zum folgenden Krause, C., 1993, S. 100

onsergebnisse erzielte, wurde nicht beim Test der nächsten Parameterva-
riation übernommen.

2) Die Auswahl der verwendeten Kennzahlen wurde mit der Diskriminanzfunktion ermittelt, somit baut das Neuronale Netz auf den Ergebnissen der
Diskriminanzanalyse auf, es kann jedoch keine Verbesserung ihrer Klassifikationsergebnisse aufweisen und verursacht zusätzlichen Aufwand.

3.1.5. Test Neuronaler Netze in der Kreditwürdigkeitsprüfung im Vergleich zur Diskriminanzanalyse nach Krause[40]

Das verwendete Datenmaterial bestand aus 6.538 Datensätzen, es wurden bis zu
73 Kennzahlen verwendet. Krause verglich die Ergebnisse von zwei Neuronalen
Netzen, dem Backpropagation Netz und dem Counterpropagation Netz mit denen
der Diskriminanzanalyse. Das Besondere an der Untersuchung durch Krause ist
der Versuch eines systematischen Tests der verschiedenen Parametereinstellungen
sowie die Überprüfung, ob ein Neuronales Netz selbständig aus einer Vielzahl von
Kennzahlen die für eine Klassifikation geeigneten auswählen kann.

3.1.6. Kreditwürdigkeitsprüfung mit dem Expertensystem „Codex"[41]

Das Expertensystem „Codex" (= Commerzbank Debitoren Experte) entstand
durch ein Pilotprojekt der Commerzbank und liegt bisher nur als Prototyp vor, das
bedeutet, „...daß Teile der Wissensbasis bisher nur in rudimentärer Form implementiert sind und kein direkter Zugriff auf echte Kundendaten möglich ist...".
(Krakl, J., Nolte-Hellwig, K. U., 1990, S. 625) Die Aufgabenstellung, die mit dem
System verfolgt werden soll, veranschaulicht folgendes Zitat.

---

[40] vgl. Krause, C., 1993, S. 101-212 u. Baetge, J.; Schmedt, U.; Hüls, D.; Krause, C.; Uthoff, C.,
1994, S. 338 ff.

„ Das System sollte in Form eines 'klassifizierenden Gutachtens' die Tätigkeit des Experten bestimmen, indem anhand von Bewertungsfunktionen ('Gutachten') Risikoaspekte so miteinander verknüpft und bewertet werden, daß der Kreditfall automatisch einer Risikoklasse zugeordnet wird ('klassifizieren'). Je nach Risikoklasse ist das Engagement von Experten in unterschiedlichen Intensitätsgraden zu bearbeiten und zu entscheiden." (Krakl, J., Nolte-Hellwig, K.U., 1990, S. 627)

Grundlegende Ziele[42] des Expertensystems sind:

- Sachbearbeitern bei der Klassifizierung von Unternehmen zu helfen,
- auf wichtige Risikoaspekte mit Hilfe von Checklisten hinzuweisen (Diagnose),
- Unterstützung bei der Lösung von Standardproblemen,
- die gesammelten Daten, Einschätzungen und ihre Begründungen für Dokumentations- und Vorlagezwecke zu erhalten,
- Bildung von Risikoklassen aus qualitativen und quantitativen Werten,
- Förderung der Konsistenz von Kreditentscheidungen.

3.1.7. Das Expertensystem „DAISY"[43]

„DAISY" soll den Sachbearbeiter bei der Einschätzung von Kreditanträgen für Baufinanzierungen bis zu einem Betrag in Höhe von 300.000 sFr unterstützen. Der Entscheidungsprozeß kann ca. 200 bis 300 Regeln nutzen und wird im Dialogverfahren mit dem Systemnutzer abgewickelt. Nach der Klassifizierung des Kreditantrags anhand der jeweiligen geschäftspolitischen Richtlinien der Bank und der verschieden gewichteten Kundendaten, erstellt das System folgende Wertung: Der Antragsteller ist kreditwürdig, bzw. der Antragsteller ist nicht kre-

---

[41] vgl. zum folgenden Krakl, J.; Nolte-Hellwig, K. U., 1990, S.625 ff.
[42] vgl. zum folgenden Krakl, J.; Nolte-Hellwig, K. U., 1990, S. 627
[43] vgl. zum folgenden Vincenz-Weder, P., 1990, S. 107

ditwürdig. Kann das System auf Grund der Regelbasis nicht entscheiden, ist der entsprechende Kreditantrag einer höheren Instanz vorzulegen.

3.1.8. Das Expertensystem „LOAN RISK ADVISOR"[44]

Dieses System wurde von einer französischen Bank entwickelt und nutzt ca. 220 Regeln zur Beurteilung von Kreditvergaben. Im Dialogverfahren muß der Benutzer sowohl quantitative als auch qualitative Informationen über den Antragsteller liefern, die sich auf verschiedene Gebiete der Betriebswirtschaft beziehen, wie zum Beispiel Daten über die Finanzstruktur, Jahresergebnisse, Management und Personal Ressourcen. Das System fertigt unterschiedlich gewichtete Zwischenberichte an, bevor es eine der folgenden Gesamtbeurteilungen trifft: sehr günstig, günstig, positiv mit Beschränkungen, neutral oder ungünstig.

3.1.9. Weitere Tests Neuronaler Netze in der Kreditwürdigkeitsprüfung

Die folgenden Tabellen sollen einen Überblick über weitere Studien zur Bonitätsanalyse mit Neuronalen Netzen verschaffen.

MDA steht dabei für multivariate Diskriminanzanalyse, CPN für Counterpropagation Netz, MLP für Multilayer Perceptron, GRNN für General Regression Neural Network und LVQ für Learning Vector Quantizer. Bei allen sechs Studien der Tabelle 2 erfolgte ein Vergleich von Neuronalen Netzen mit der multivariaten Diskriminanzanalyse, wobei sich in der Mehrzahl der Studien erwies, daß die Neuronalen Netze die sehr guten Ergebnisse der multivariaten Diskriminanzanaly-

---

[44] vgl. zum folgenden Vincenz-Weder, P., 1990, S. 107

se noch verbessern konnten. RPA steht für Rekursiver Partitionsalgorithmus, BAM für Bidirectional Associative Memory und SOFM für Selforganizing Feature Maps.

Vergleicht man die Ergebnisse der in Tabelle 3 angeführten Studien, so konnten die eingesetzten Neuronalen Netze zum großen Teil die Benchmarks übertreffen.

Studie	Daten-material	Zeitraum	Prognose-horizont	Bench-mark	Netzwerk-modelle	Ranking
Odom/Sharda 1990	129 Abschlüsse, 5 Kennzahlen fest vorgegeben	1975 - 1982	1 Jahr vor Konkurs	MDA	MLP	1. MLP 2. MDA
Erxleben/Koch 1991	3.539 Abschlüsse 72 Kennzahlen	1973 - 1987	1 bis 3 Jahre vor Konkurs	MDA	MLP mit MDA	1. MDA 2. MLP
Coats/Fant 1991/92	188 Unternehmen, 564 Abschlüsse, 5 Kennzahlen fest vorgegeben		1 Jahr vor Konkurs	MDA	MLP	1. MLP 2. MDA
Krause, 1993 und Baetge/ Krause, 1994	6.667 Abschlüsse, 73 Kennzahlen	1973 - 1986	1 bis 3 Jahre vor Konkurs	MDA	MLP mit Analyse der höchsten Gewichte, CPN mit MDA	1. CPN/ MLP 2. MDA
Rehkugler/ Poddig, 1992 und Kerling/ Poddig, 1994	300 Unternehmen, 900 Abschlüsse, 45 Kennzahlen	1985 - 1990	1 bis 3 Jahre vor Konkurs	MDA	MLP mit FZ-Test, GRNN mit MDA, LVQ mit MDA	1. MLP 2. MDA
Altman et al., 1994	3.465 Unternehmen	1985 - 1992	1 Jahr vor Konkurs	mehrstufige MDA	MLP, zeitweise ebenfalls mehrstufig	MDA/ MLP

Tab. 2: Untersuchungen mit Neuronalen Netzen in der Kreditwürdigkeitsprüfung im Firmenkundengeschäft
Quelle: nach Rehkugler, H.; Kerling, M., 1995, S. 316

48

Studie	Daten-material	Zeitraum	Prognose-horizont	Bench-mark	Netzwerk-modelle	Ranking
Schumann et al., 1992	1.095 Daten-sätze, 20 Merkmale	1973 - 1975	Laufzeit des beantragten Kredites	RPA, Scoring-system	BAM CPN HAM LVQ SOFM	1. LVQ 2. RPA 3. CPG
Lohrbach, 1994	1.095 Daten-sätze, 20 Merkmale	1973 - 1975	Laufzeit des beantragten Kredites	RPA, Scoring-System MDA	BAM CPN HAM LVQ SOFM	1. MDA 2. LVQ 3. RPA 4. CPG
Schmidt von Rhein/Rehkugler, 1993,1994	836 Daten-sätze, 20 Merkmale	1979 - 1991	Laufzeit des beantragten Kredites bis zu 5 Jahren	MDA	MLP LVQ	1. MLP 2. LVQ 3. MDA

Tab. 3:   Untersuchungen mit Neuronalen Netzen in der Kreditwürdigkeitsprüfung
im Privatkundengeschäft
Quelle: nach Rehkugler, H.; Kerling, M., 1995, S. 317

Die folgende Tabelle 4 gibt einen kurzen Überblick über einige Studien, bei denen
der Mensch, konventionelle Verfahren, Neuronale Netze und Expertensysteme auf
ihre Eignung zur Prognose von verschiedenen Sachverhalten untersucht wurden.
Es handelt sich bei dieser Zusammenstellung nicht um Analysen der Kreditwürdigkeit, sondern zum Beispiel von Finanzprognosen. Dennoch zeigt die Tabelle 4
eindeutig, daß Neuronale Netze und Expertensysteme zu Prognosezwecken geeignet sind und durchweg gute bis sehr gute Ergebnisse erzielen.

Quelle	Methoden	Kriterium/Gegenstand	Ergebnisse in Kurzform
Bowen/Bowen, 1990	Expertensystem, menschl. Experte, Neuronales Netz	Genauigkeit von Lagerabgangsprognosen bei Geldautomaten	Expertensystem und menschl. Experte in etwa gleich, aber beide besser als Neuronales Netz
Sharda/Patil, 1990	Expertensystem, menschl. Experte, Neuronales Netz	Genauigkeit von verschiedenartigen Prognosen	Expertensystem, menschl. Experte und Neuronales Netz in etwa gleich
Paul/Gianotti, 1990	Expertensystem, Neuronales Netz	Genauigkeit von Finanzprognosen	Expertensystem besser als Neuronales Netz
DeSilets et al., 1992	Neuronales Netz, multivariate Regression	Genauigkeit von Salzgehaltprognosen	Expertensystem besser als multivariate Regression
Graf/ Nakhaeizadeh, 1990	Neuronales Netz, Box-Jenkins, Adaptives Filtern	Genauigkeit von Aktienprognosen	Leichte Vorteile des Neuronalen Netzes gegenüber statistischen Prognosemodellen
Rehkugler/ Poddig, 1990	verschiedene Neuronale Netze, multivariate Regression	Genauigkeit von Finanzprognosen	Neuronales Netz durchweg besser als statistisches Prognosemodell
Sink, 1992	Neuronales Netz, lineare und logistische Mehrfachregression	Genauigkeit von Zielgruppenselektion und Absatzprognosen im Pharmamarketing	Neuronales Netz generell besser als Mehrfachregression

Tab. 4:   Studien über die Eignung verschiedener Prognosemethoden
Quelle: nach Baetge, J.; Krause, C.; Mertens, P., 1994, S. 1189

3.2. Entwicklungsperspektiven

Sind nun aber Neuronale Netze und Expertensysteme wirklich zur Kreditwürdigkeitsprüfung in Banken geeignet?

Die Eignung dieser beiden Systeme ist abhängig von folgenden Kriterien:[45]

- die Güte der Klassifikationsergebnisse,

- die mögliche ökonomische Interpretierbarkeit der Ergebnisse,

- der benötigte Zeitaufwand durch die Nutzung der Verfahren,

---

[45] vgl. Krause, C., 1993, S. 101 f.

• die Voraussetzungen für die Verfahren.

3.2.1. Erkenntnisse aus den Studien zur Kreditwürdigkeitsprüfung mit Neuronalen Netzen

Krause kommt bei seiner Untersuchung zu folgenden Ergebnissen[46], die im Prinzip generell gültig sind:

- Neuronale Netze sind ein sehr leistungsfähiges Instrument für Kreditwürdigkeitsprüfungen und können die Ergebnisse einer multivariaten linearen Diskriminanzanalyse übertreffen,

- Backpropagation Netze können auch mit selbständig ausgewählten Kennzahlen genauso gut klassifizieren wie eine multivariate lineare Diskriminanzanalyse, bzw. sogar noch bessere Ergebnisse erzielen als diese,

- großen Einfluß auf die Fehlklassifikationsrate der Backpropagation Netze haben die Auswahl der Kennzahlen und die Art, wie die Eingabe dieser Kennzahlen in das Netz erfolgt; die Netzarchitektur hatte dagegen einen sehr geringen Einfluß,

- das Counterpropagation Netz erzielte mit selbständig ausgewählten Kennzahlen deutlich schlechtere Ergebnisse als die multivariate lineare Diskriminanzanalyse, mit den vier durch die Diskriminanzanalyse ermittelten Kennzahlen erzielte es jedoch die besten Klassifikationseinteilungen,

- Neuronale Netze sind universeller einsetzbar als eine Diskriminanzanalyse, sie können auch qualitative Daten analysieren und somit ihre Klassifikationsleistungen noch verbessern,

---

[46] vgl. Krause, C., 1993, S. 213 f.

- der Zeitaufwand für den Entwurf einer günstigen Parametereinstellung für ein Neuronales Netz ist genauso groß wie der, um eine Diskriminanzanalyse durchzuführen, allerdings brauchen Neuronale Netze mehr Rechnerzeit,

- im Vergleich zur multivariaten linearen Diskriminanzanalyse ist die Entscheidungsfindung eines Neuronalen Netzes nicht nachvollziehbar.

3.2.2. Untersuchung zum Stand der Anwendung von Expertensystemen in Banken

Bei einer 1993 erfolgten Untersuchung zum Einsatz von Expertensystemen in Banken[47] gaben von 79 Kreditinstituten 56 an, keine Aktivitäten in Bezug auf Expertensysteme entwickelt zu haben, die restlichen 23 Banken vermeldeten 33 Projekte in Verbindung mit Expertensystemen. Dabei handelte es sich um 17 laufende   Systeme, 10 Prototypen und 6 eingestellte Projekte. Von den 56 Instituten ohne Aktivitäten in Bezug auf Expertensysteme nannten 30 als Grund fehlendes qualifiziertes Personal, 16 nannten als Ursache fehlende Anwendungsmöglichkeiten und 11 waren der Meinung, Expertensysteme erbrächten ihnen keinen Nutzen. Jeweils 8 Institute legten als Gründe keine vorhandenen technischen Kapazitäten, bzw. keine Zuständigkeiten dar, lediglich 4 Banken nannten schlechte Erfahrungen als Hindernisgrund. Von den 23 Banken, die mit Expertensystemen arbeiten, nutzen 5 diese Systeme für die Kreditwürdigkeitsprüfung, ein Institut führte damit Bonitätsanalysen durch.

---

[47] vgl. zum folgenden Schwabe, G.; Dolinsky, D.; Krcmar, H., 1993, S. 215 ff.

3.3. Pro und Contra zur Anwendung von Neuronalen Netzen und Expertensystemen in der Kreditwürdigkeitsprüfung

In den letzten Jahren wurden für Expertensysteme eine Vielzahl von Shells entwickelt, die unabhängig von bestimmten Wissensgebieten verschiedene Inferenzmethoden unterstützen.[48] Die Auswahl eines für ein bestimmtes Problem geeigneten Shells ist deshalb sehr schwer. Weiterhin ist zu beachten, daß bei einer Vernachlässigung der Wartung der Wissensbasis die getroffenen Klassifizierungen nicht mehr den gestellten Anforderungen genügen müssen. „Expertensysteme enthalten in ihren Inferenzkomponenten eine Vielzahl von Mikroentscheidungen, welche die Entscheidungsautonomie eines Systembenutzers auf der Makroebene unbewußt einschränken können." (Zelewski, S., 1991, S. 243)

Wird die Wissensbasis eines Expertensystems aus unterschiedlichen Quellen gespeist, so wird oft die innere widerspruchsfreie Beschaffenheit vernachlässigt. Die oftmals gelobte Fähigkeit von Expertensystemen, ihre Entscheidungen dem Benutzer erklären zu können, beschränkt sich in der Regel auf eine Protokollierung der abgearbeiteten Schritte und standardisierte Hilfstexte.

Positiv wäre bei den Expertensystemen zu erwähnen, daß die Experten, mit deren Wissen die Wissensbasis aufgebaut werden soll, ihr Wissen nur einmal darzulegen brauchen und somit nicht ihre wertvolle Arbeitszeit durch immer wiederkehrende Beratungen vergeuden. Durch die Verwendung eines Expertensystems bei allen Kreditentscheidungen wird eine qualitative Stetigkeit in der Beurteilung gewährleistet, subjektive Einflüsse werden verringert. Dem einzelnen Kreditbearbeiter wird durch die Nutzung eines Expertensystems eine größere Kompetenz eingeräumt, das heißt, er muß nicht mehr bei jeder Kreditentscheidung den Experten konsultieren.

---

[48] vgl. zum folgenden Zelewski, S., 1991, S. 239 ff.

Auch bei den <u>Neuronalen Netzen</u> sind Nachteile zu nennen, die von großer Bedeutung sind. Neben den aufwendigen Tests der Parametereinstellungen, den
komplizierten Trainingsalgorithmen und langen Trainingszeiten ist auch das
manchmal auftretende instabile Trainingsverhalten zu nennen. Bei kleinem und
verrauschtem Datenmaterial besteht zudem die Gefahr, daß das überdimensio-
nierte Netz (zu viele Schichten und somit zu viele freie Parameter, die Netzwer-
karchitektur ist ungeeignet) jede einzelne Beobachtung in die Ermittlung der Datenstruktur einbindet und sich somit zu perfekt an die Trainingsmenge anpaßt, die
wirklich existierende unbekannte Datenstruktur kann dann nicht mehr ermittelt
werden.

Ein weiterer Kritikpunkt ist, daß oftmals die Kennzahlen für den Klassifikationstest mit den Neuronalen Netzen verwendet werden, die mit der multivariaten
Diskriminanzanalyse gewonnen wurden. Die ermittelten Ergebnisse bringen somit
oftmals kaum eine Verbesserung der Resultate der Diskriminanzanalyse. Weiter
muß darauf hingewiesen werden, daß die durch Neuronale Netze getroffenen
Klassifikationsentscheidungen nicht erklärbar, bzw. nachvollziehbar sind. Auch
ist zu beachten, daß ein trainiertes Neuronales Netz nur die Daten klassifizieren
kann, deren Muster dem der Analysedaten entsprechen, ändert sich die Struktur
der zu untersuchenden Daten, muß das Netz einer erneuten Lernphase unterzogen
werden.

Gegen die Nutzung von Neuronalen Netzen spricht auch die benötigte teure Si-
mulationssoftware und ausgebildeten Fachkräfte sowie die langen Rechnerzeiten.
Auch die Auswahl der geeigneten Daten und ihre Aufbereitung spielt eine große
Rolle für die Qualität der Klassifikationsergebnisse.

Nach wie vor sind Neuronale Netze jedoch sehr gut geeignet, um Datenmaterial
zu klassifizieren, für das keine bekannten Zusammenhänge und Gesetzmäßigkeiten bekannt sind. „Das Wissen wird vom Netz vielmehr selbst an Beispielen erlernt und dezentral abgelegt." (Adam, D.; Hering, T.; Welker, M., 1995, S. 592)

4. Resümee

Die in die Neuronalen Netze und Expertensysteme gelegten Erwartungen sind nur
zum Teil erfüllt worden. Diese Erkenntnis ist einerseits mit dem noch jungen
Entwicklungsstand dieses Wissensgebietes und den daraus resultierenden fehlen-
den Erfahrungen, andererseits auch mit den unter Punkt 3.3. erwähnten Nachteilen
und Gefahren bei der Anwendung zu begründen. Weiterhin ist zu beachten, daß
viele Banken zunächst auf ihre herkömmlichen und vertrauten Verfahren bauen
und sich nur zögerlich den neuen Entwicklungen öffnen. Zwar haben etliche Untersuchungen und Analysen ergeben, daß Neuronale Netze sehr wohl in der Lage
sind, qualitativ gleiche bzw. sogar bessere Klassifikationen als die konventionellen Methoden der Kreditwürdigkeitsprüfung vorzunehmen, jedoch zeichnet sich in
der Umsetzung in die Bankpraxis noch ein ziemlicher Nachholbedarf ab.

Während einer vom Verfasser vorgenommenen Telefonumfrage bei einigen größeren deutschen Banken konnten nur wenige Kreditinstitute Aussagen zu Expertensystemen und Neuronalen Netzen machen:

Die LGT-Bank nutzt bereits seit 1986 Neuronale Netze für Kursprognosen auf den
Kapitalmärkten[49].

Die Citibank AG hat Neuronale Netze in Zusammenarbeit mit Universitäten getestet, ist jedoch zu gleichen Ergebnissen wie mit traditionellen Verfahren gelangt.
Sie bemängelt unter anderem die zu gute Anpassungsfähigkeit der Netzwerke und
lehnt zum gegenwärtigen Zeitpunkt eine Arbeit mit diesen Systemen ab.

Die Bayerische Vereinsbank hat die Implementierung eines Neuronalen Netzes in
Auftrag gegeben, das ab März 1997 zur Prognose der DAX - Entwicklung einge-
setzt werden soll.

Bei der <u>Deutschen Bank AG</u> wurden bereits Neuronale Netze getestet, die fehlende Transparenz der Ergebnisse wird jedoch als ein entscheidender Mangel empfunden. Im Bereich der Aktienprognosen kommen bei der Deutschen Bank AG Expertensysteme zum Einsatz.

Die <u>Commerzbank AG</u> arbeitet unter anderem mit Ihrem spezifischen Expertensystem „DAISY", Neuronale Netze hingegen werden nicht genutzt.

Diese Umfrage zeigt, daß der Trend zur Nutzung von Neuronalen Netzen und Expertensystemen grundsätzlich nach oben geht, eine überhöhte und verfrühte Erwartungshaltung den möglichen Leistungen dieser Systeme gegenüber jedoch (noch) nicht erfüllt werden kann, da die Erforschung ihrer Möglichkeiten und Grenzen noch in den Anfängen steckt.

Neuronale Netze und Expertensysteme eröffnen durch ihre instrumentalen Voraussetzungen und Arbeitsweisen ein völlig neues Feld im Umgang mit unklassifizierten Daten, deren innere Zusammenhänge und Gesetzmäßigkeiten unbekannt sind. Durch diese Arbeit ist versucht worden, die Anwendbarkeit von Neuronalen Netzen und Expertensystemen in der Kreditwürdigkeitsprüfung von Banken darzulegen sowie auf die verbundenen Probleme hinzuweisen. Als Ergebnis dieser Arbeit kann festgehalten werden, daß sich in der Verwendung von Neuronalen Netzen und Expertensystemen ein großes und in der Praxis noch relativ ungenutztes Potential verbirgt, dessen Erschließung nicht nur für den Bereich der Kreditwürdigkeitsprüfung von entscheidender Bedeutung für den Bankensektor sein wird.

---

[49] vgl. „Mit neuronalen Netzen in die Zukunft blicken", in: Die Welt vom 12.06.1996, S. 11

Literaturverzeichnis

Adam, D.;   (1995) a: Künstliche Intelligenz durch neuronale Netze (I),
Hering, T.;   in: Das Wirtschaftsstudium, Heft 6/1995, S. 507-514
Welker, M.

Adam, D.;   (1995) b: Künstliche Intelligenz durch neuronale Netze (II),
Hering, T.;   in: Das Wirtschaftsstudium, Heft 7/1995, S. 587-592
Welker, M.

Anders, U.   (1996): Was neuronale Netze wirklich leisten, in: Die Bank,
                   Heft 3/1996, S. 162-165

Baetge, J.;   (1994): Zur Kritik an der Klassifikation von Unternehmen
Krause, C.;   mit Neuronalen Netzen und Diskriminanzanalysen, in: Zeit-
Mertens, P.   schrift für Betriebswirtschaft, 64. Jahrgang, Heft 9/1994,
                   S. 1181-1191

Baetge, J.;   (1994): Bonitätsbeurteilung von Jahresabschlüssen nach
Schmedt, U.;   neuem Recht (HGB 1985) mit Künstlichen Neuronalen
Hüls, D.;   Netzen auf der Basis von Clusteranalysen, in: Der Betrieb,
Krause, C.;   47. Jahrgang, Heft 7/1994, S. 337-343
Uthoff, C.

Benölken, H.   (1995): Firmenkunden auf dem Prüfstand, in: Bank Magazin,
                   Heft 2/1995, S. 8-13

Berndt, M.   (1995): Kapitalmarktprognosen mit neuronalen Netzen, in:
                   Die Bank, Heft 4/1995, S. 226-230

Burger, A.   (1994) a: Zur Klassifikation von Unternehmen mit neurona-
                      len Netzen und Diskriminanzanalysen, in: Zeitschrift für Be-
                      triebswirtschaft, 64. Jahrgang, Heft 9/1994, S. 1165-1179

Burger, A.   (1994) b: Plädoyer für eine theoretische Fundierung der Jah-
                      resabschlußanalyse, in: Zeitschrift für Betriebswirtschaft,
                      64. Jahrgang, Heft 9/1994, S. 1193-1197

Corsten, H.;   (1996): Künstliche Neuronale Netze - Aufbau, Funktions-
May, C.   weisen und Anwendungsfelder, in: Das Wirtschaftsstudium,
                      Heft 3/1996, S. 217-222

Cruse, C.;   (1995): Neuronale Netze - Konzept, Funktionsweise und
Leppelmann, S.   Anwendungsmöglichkeiten in der Praxis, in: Zeitschrift für
                      Unternehmensentwicklung und Industrial Engineering,
                      44. Jahrgang, Heft 4/1995, S. 168-172

Dorffner, G.   (1991): Konnektionismus: Von neuronalen Netzwerken zu
                      einer „natürlichen" KI, Stuttgart 1991

Drexl, A.;   (1991): Grundlagen für eine expertensystembasierte Beur-
Salewski, F.   teilung des Internen Kontrollsystems bei Abschlußprüfungen,
                      in: Zeitschrift für Betriebswirtschaft, 61. Jahrgang, Heft
                      7/1991, S. 755-776

Eilenberger, G.   (1996): Bankbetriebswirtschaftslehre. Grundlagen - Interna-
                      tionale Bankleistungen - Bankmanagement, 6. Auflage,
                      München/Wien 1996

Erxleben, K.;
Baetge,J.;
Feidicker, M.;
Koch, H., Krause, C.;
Mertens, P.

(1992): Klassifikation von Unternehmen - ein Vergleich von
Neuronalen Netzen und Diskriminanzanalyse, in: Zeitschrift
für Betriebswirtschaft, 62. Jahrgang, 10/1992, S. 1237-1262

Fahrmeir, L.;
Frank, M.;
Hornsteiner, U.

(1994)Bonitätsprüfung mit alternativen Methoden der Diskriminanzanalyse, in: Die Bank, Heft 6/1994, S. 368-373

Grill, W.;
Perczynski, H.

(1990): Wirtschaftslehre des Kreditwesens, 25. Auflage, Bad
Homburg 1990

Hebb, D. O.

(1949): Organization of Behavior, New York 1949

Heno, R.

(1983): Kreditwürdigkeitsprüfung mit Hilfe von Verfahren
der Mustererkennung, in: Bankwirtschaftliche Forschungen,
Bd. 81, Hrsgg. von E. Kilgus und L. Schuster, Bern und
Stuttgart 1983

Kalveran, W.;
Günther, Hans

(1961): Bankbetriebslehre, 3. Auflage, Wiesbaden 1961

Krakl, J.;
Nolte-Hellwig, K. U.

(1990): Computergestützte Bonitätsbeurteilung mit dem
Expertensystem „CODEX", in: Die Bank, Heft 11/1990,
S. 625-634

Krause, C.   (1993): Kreditwürdigkeitsprüfung mit Neuronalen Netzen, in: Institut für Rechnungswesen, Hrsgg. von J. Baetge, Düsseldorf 1993

Lehner, F.   (1991): Expertensysteme für Organisationsaufgaben, in: Zeitschrift für Betriebswirtschaft, 61. Jahrgang, Heft 7/1991, S. 737-754

Odom, M. D.;
Sharda, R.   (1990): A Neural Network Model for Bankruptcy Prediction, in: International Joint Conference on Neural Networks, Bd. 2, Hrsgg. von IEEE, San Diego 1990, S. 163-168

Puppe, F.   (1991): Einführung in Expertensysteme, 2. Auflage, Berlin usw. 1991

Rehkugler, H.;
Kerling, M.   (1995): Einsatz Neuronaler Netze für Analyse- und Prognose-Zwecke, in: Betriebswirtschaftliche Forschung und Praxis, Heft 3/1995, S. 306-324

Rehkugler, H.;
Poddig, Th.   (1992) a: Neuronale Netze im Bankbetrieb, in: Die Bank, Heft 7/1992, S. 413-419

Rehkugler, H.;
Poddig, T.   (1992) b: Anwendungsperspektiven und Anwendungsprobleme von Künstlichen Neuronalen Netzwerken, in: Information Management, Heft 2/1992, S. 50-58

Ritter, H.   (1991): Neuronale Netze - Möglichkeiten und Aussichten, in: HMD 159/1991, S. 3-6

Ritter, H.;   (1991): Neuronale Netze - Eine Einführung in die Neuro-
Martinetz, T.;   informatik selbstorganisierender Netzwerke, Bonn usw.
Schulten, K.   1991

Sauerburger, H.   (1991): Grundlagen neuronaler Netze, in: HMD 159/1991,
                     S. 7-28

Schumann, M.;   (1992): Versuche zur Kreditwürdigkeitsprognose mit künst-
Lohrbach, T.;   lichen Neuronalen Netzen, Arbeitspapier Nr. 2, Göttingen
Bährs, P.   1992

Schwabe, G.;   (1993): Empirische Einsichten zum Einsatz von Experten-
Dolinsky, D.;   systemen - Ergebnisse von Selbsteinschätzungen in Banken
Krcmar, H.   aus den Jahren 1989 und 1991, in: Wirtschaftsinformatik,
                     35. Jahrgang, Heft 3/1993, S. 215-227

Sperber, H.;   (1995): Die Praxis der Bonitätsanalyse, in: Die Bank, Heft
Mühlenbruch, M.   4/1995, S. 199-203

Steiner, M.;   (1993): Neuronale Netze - Ein Hilfsmittel für betriebswirt-
Wittkemper, H.-G.   schaftliche Probleme, in: Die Betriebswirtschaft, 53. Jahr
                     gang, Heft 4/1993, S. 447-463

Tam, K. Y.;   (1990): Predicting Bank Failures: A Neural Network Ap-
Kiang, M.   proach, in: Applied Artificial Intelligence, Heft 4/1990, S.
                     265-282

Vincenz-Weder, P.   (1990): Einsatz und Entwicklung von Expertensystemen im

Bankbetrieb, in: Bankwirtschaftliche Forschungen, Bd. 125, Hrsgg. von E. Kilgus und L. Schuster, Bern und Stuttgart 1990

Voggel, J.   (1995): Bonitätsanalyse und Anlageberatung: Bankgeschäfte mit System, in: bank und markt, Heft 5/1995, S. 37-40

von Altrock, C.   (1991): Neuronale Netze, in: Wirtschaftswissenschaftliches Studium, Heft 12/1991, S. 625-627

v. d. Weiden, S.   (1996): Schaltungen des Gehirns nachempfunden - Künstliche Neuronale Netze suchen die praktischste Lösung, in: Die Welt, vom 28. 08. 1996, S. 7

Weisensee, G. J.   (1990): Kreditinformations- und Expertensysteme im Kommerzgeschäft der Banken, in: Berner betriebswirtschaftliche Schriften, Bd. 3, Hrsgg. von J. Griese und R. Kühn, Bern und Stuttgart 1990

Wilbert, R.   (1991) a: Kreditwürdigkeitsanalyse im Konsumentenkreditgeschäft auf der Basis Neuronaler Netze, in: Zeitschrift für Betriebswirtschaft, 61. Jahrgang, Heft 12/1991, S. 1377-1393

Wilbert, R.   (1995) b: Interpretation Neuronaler Netze in den Sozialwissenschaften, in: Zeitschrift für Betriebswirtschaft, 65. Jahrgang, Heft 7/1995, S. 769-783

Zelewski, S.   (1991): Kritische Faktoren beim Einsatz von Expertensys-

XIII

temen, in: Zeitschrift für Betriebswirtschaft, 61. Jahrgang, Heft 2/1991, S. 237-258

Diplomarbeiten Agentur

Die Diplomarbeiten Agentur vermarktet seit 1996 erfolgreich
Wirtschaftsstudien, Diplomarbeiten, Magisterarbeiten, Dissertationen
und andere Studienabschlußarbeiten aller Fachbereiche und Hochschulen.

Seriosität, Professionalität und Exklusivität prägen unsere Leistungen:
- Kostenlose Aufnahme der Arbeiten in unser Lieferprogramm
- Faire Beteiligung an den Verkaufserlösen
- Autorinnen und Autoren können den Verkaufspreis selber festlegen
- Effizientes Marketing über viele Distributionskanäle
- Präsenz im Internet unter **http://www.diplom.de**
- Umfangreiches Angebot von mehreren tausend Arbeiten
- Großer Bekanntheitsgrad durch Fernsehen, Hörfunk und Printmedien

Setzen Sie sich mit uns in Verbindung:

Diplomarbeiten Agentur
Dipl. Kfm. Dipl. Hdl. Björn Bedey
Dipl. Wi.-Ing. Martin Haschke
und Guido Meyer GbR

Hermannstal 119 k
22119 Hamburg

Fon: 040 / 655 99 20
Fax: 040 / 655 99 222

agentur@diplom.de
www.diplom.de

www.ingramcontent.com/pod-product-compliance
Lightning Source LLC
Chambersburg PA
CBHW031229050326
40689CB00009B/1534